통찰의 기술

통찰의 기술

2008년 5월 9일 초판 1쇄 발행
2008년 7월 19일 초판 16쇄 발행

지은이 | 신병철
펴낸이 | 여승구
편 집 | 심장원
디자인 | 김준영
마케팅 | 지경진 송만석
펴낸곳 | 지형

주소 | 서울시 마포구 합정동 385-1 2F (121-885)
전화 | 02-333-3953
전송 | 02-333-3954
이메일 | jhpub@naver.com
출판등록 | 2003년 3월 4일 제13-811호

ISBN 978-89-93111-08-8 (03320)

값은 뒤표지에 있습니다. 잘못된 책은 바꾸어 드립니다.

통찰의 기술

신병철 지음

지형

통찰의 공식

$$\lim_{i \to \infty} SP\,In\,KRe$$

SP = Specific Problem

In = Intention

KRe = Knowledge Reorganization

i = Insight

뛰어난 통찰을 얻기 위해서는 다음과 같은 과정을 거쳐야 합니다.

문제를 구체적으로 정의해야 하며
이를 해결하고자 하는 정확한 의도를 가져야 하며
이를 기반으로 기존 지식을 재조직해야 합니다.

이때 통찰의 힘은 무한대로 커집니다.

들어가는 말

1부 통찰의 3단계

2부 통찰의 7가지 기술

3부 통찰의 습관

■들어가는 말

통찰의 시대가 도래하다

21세기는 무한 경쟁 시대라고 합니다. 기업이나 개인이나 살아남으려면 경쟁에서 이겨야만 하는 시대가 된 것입니다. 유감스럽게도 그뿐만이 아닙니다. 21세기는 세계를 상대로 경쟁해야 하는 시대입니다. 우리나라 기업들은 전 세계 초우량 기업들과 경쟁해야 하며, 우리는 전 세계 사람들과 경쟁해야 합니다. 세계라는 시장은 누구 하나 봐주는 법이 없습니다. 오직 경쟁에서 이기는 자만이 생존을 보장받습니다.

이런 무한 경쟁 시대, 신자유주의 시대에서 살아남기 위해 너 나 할 것 없이 모든 사람들이 태산 같은 걱정을 짊어지고 있습니다. 모든 기업과 사람들이 이 악전고투에서 살아남기를, 성공하기를 꿈꾸며 그 방법이 무엇인지 눈에 불을 켜고 찾고 있습니다. 기업은 기업

나름대로 조직을 혁신하기 위해 전사적 품질관리, 전사적 자원관리, 벤치마킹, 아웃소싱 같은 기법을 들여오고 있으며, 개인은 개인 나름대로 어학, 자격증, 운동 등 자기계발에 열중해 있습니다.

이처럼 한 시대에는 그 시대를 사는 사람들이 함께 고민하는 중요한 문제들이 있습니다. 그렇지만 다행히도 그 문제를 풀어낼 해법 또한 멀지 않은 곳에 있습니다. 그 시대가 요구하는 해법이니 그 시대라는 여건 안에 반드시 있기 마련입니다. 저는 우리 시대가 요구하는 해법이 통찰이라 생각합니다. 이 살얼음을 걷는 듯한, 각자의 운명을 놓고 벌이는 경쟁에서 우리를 성공으로 안내할 북극성이 바로 통찰입니다.

우리나라는 내다 팔 지하자원도 없고 땅도 좁고 그 좁은 땅마저 남북으로 나뉘어 있습니다. 그래서 오직 사람만이 전부인 나라, 내세울 것이라곤 그 사람에게서 나오는 지혜와 열정이 전부인 나라입니다. 그런데 이 지혜와 열정이 어디서 나올까요? 놀랍게도 통찰에서 비롯합니다.

삼성 그룹은 몇 년 전부터 '창조 경영'을 경영 비전으로 정했습니다. 최근 삼성은 전 세계 초우량 기업들에 견줄 만한 기업으로 성장했지만, 앞으로 경쟁에 뒤지지 않고 계속 성장하기 위해서는 새로운 동력이 필요한 실정이었습니다. 그래서 새로운 성장 동력을 열 돌파구로, 슈퍼급 인재를 길러 놀라운 상품과 앞선 기술을 만들어내자는 것이 바로 '창조 경영'입니다. 역시 삼성다운 발상입니다.

그런데 여기서 꼭 짚고 넘어가야 할 중요한 사실이 있습니다. 슈퍼급 인재란 어떤 사람입니까? 놀라운 상품과 앞선 기술은 어떻게 만들 수 있습니까? 바로 통찰력이 뛰어난 사람이 슈퍼급 인재가 될 수 있으며, 통찰력이 뛰어난 사람만이 놀라운 상품과 앞선 기술을 만들어 낼 수 있습니다. 왜냐하면 통찰은 과거와 현재 그리고 앞으로 벌어질 결과를 폭넓고 깊이 있게 파악하고 이해할 수 있게 하는 힘이며, 삼라만상을 새롭고 기발한 관점으로 살펴봄으로써 핵심에 다가갈 수 있게 하는 열쇠이기 때문입니다. 한마디로 통찰은 본질을 꿰뚫어보게 하는 능력입니다.

이미 여러 분야에서 통찰의 중요성을 느끼고 있습니다. 특히 기업 활동에서 그 중요성에 대한 인식이 빠르게 확산되고 있습니다. 이미 전 세계 초우량 기업들은 전략을 짤 때 소비자 통찰을 찾아 적용하는 것을 우선순위에 놓고 있습니다. 소비자들이 미처 깨닫지 못한 자신의 소비 · 인식 · 구매 패턴에서 빈틈을 찾아내어 제품과 시장에 적용하는 것이 기업 활동 가운데 가장 중요한 일이 되었습니다. 이제는 기업이 성공하느냐 실패하느냐를 통찰이 판가름하는 시대가 온 것입니다.

통찰을 중요하게 여기기 시작한 것은 국내 기업들 또한 마찬가지입니다. 위니아만도를 보십시오. 원래 위니아만도는 자동차 부품을 만들어 납품하는 회사였습니다. 그렇지만 요즘은 사정이 달라졌습니다. 위니아만도는 2006년에 올린 매출 5,000억 원 가운데 80퍼센트인 4,000억 원을 김치 냉장고 딤채로 올렸습니다. 삼성전자와 엘지전자가 뒤늦게 김치 냉장고 시장에 뛰어들었지만 시장을 선점한 위니아만도를 당해낼 수 없었습니다. 두 경쟁사보다 자금력과 영업력이 떨어지는 위니아만도였지만, 소비자 마음을 읽을 줄 알고 새로운 시장을 내다볼 줄 아는 통찰 하나로 한 해 4,000억 원을 벌어들이고 있는 셈입니다.

예비 사회인들도 통찰이 얼마나 중요한지 느끼고 있습니다. 김광웅 서울대학교 명예교수는 최근 서울대학교 학생들을 대상으로 '미래 리더십의 필수 요소는 무엇인가'에 대한 조사를 했습니다. 조사 결과, '대통령이 되려면 준비해야 할 자질'을 묻는 질문에 가장 많은 학생들이 '통찰'을 꼽았습니다. 그리고 '미래 리더십 하면 떠오르는 단어'를 묻는 질문에는 '통찰'이 '통합'에 이어 2위에 꼽혔습니다.

이렇듯 통찰은 이미 국내외를 가리지 않고 그 중요성이 커지고 있으며, 앞으로도 통찰의 중요성과 구실은 더욱 커질 것입니다. 이제 미래를 준비하는 경쟁력은 통찰에서 비롯할 것입니다.

통찰이란 무엇인가

그렇다면 통찰이란 무엇일까요? 통찰에 대한 정의 몇 가지를 살펴보겠습니다.

인류 역사에서 가장 넓은 유럽을 지배한 나폴레옹의 핵심 전략 참모이자 《전쟁술Summary of Art of War》을 쓴 앙투안 앙리 조미니Antoine Henri Jomini는 통찰을 '한눈에 알아보는 기술'이라고 했습니다. 저는 이 사람이 내린 정의를 보고 깜짝 놀랐습니다. 핵심을 정확하게 간파한 정의라 아니할 수 없습니다. 실전 경험이 많은 사람이 아니면 만들어낼 수 없는 그야말로 통찰에 대한 통찰적 정의입니다.

전 세계를 여행하며 통찰에 대한 강의를 하고 있는 리사 왓슨Lisa Watson은 '표면 아래 숨어 있는 진실을 살펴보는 일'로 정의하고 있습니다. 이것 역시 전문가다운 날카로운 분석입니다.

그렇다면 사전에는 통찰이 어떻게 정의되어 있을까요? 먼저 가장 권위 있는 백과사전인 《브리태니커 백과사전》을 보겠습니다. 《브리태니커 백과사전》은 통찰을 '공공연한 시행착오 없이 일어나는 즉각적이고 분명한 지각이나 이해'로 정의하고 있습니다. 그리고 인터넷 백과사전으로 유명한 위키피디아는 '감추어진 핵심을 직관적으로 파악하는 일'로 정의합니다.

이렇듯 통찰의 정의를 살펴보면 대체로 '발견, 파악, 살펴보는 일'로 간추릴 수 있습니다. 우리는 이런 정의들을 통해 우리 나름대로 '통찰이란 이전에 없던 새로운 것을 만들어내는 것이 아니라, 이미 있던 것들을 다른 관점으로 살펴보고, 그 관계의 의미를 재조합해내는 일'이라고 이해할 수 있을 것입니다. 이것을 다시 간단하고 분명하게 요약한다면 다음과 같습니다.

통찰이란, 표면 아래 숨어 있는 진실을 발견하는 것.

통찰이 무엇인지 더 정확하고 자세하게 알아보기 위해 이쯤에서 잠시 '생각' 이라는 것으로 관점을 돌려보겠습니다. 통찰은 생각과 떼려야 뗄 수 없는 것이며 결국 생각의 힘으로 작용하기 때문입니다. 즉, 통찰은 이미 있는 그 무엇을 지금까지와는 다른 관점으로 보고 생각함으로써 새롭고 발전된 해답을 창조해냅니다.

생각의 힘을 잘 보여주는 예를 하나 들어보겠습니다. 세계적인 엘리베이터 회사인 오티스도 처음 만든 엘리베이터는 많이 느렸습니다. 대수도 적고 속도도 느리니 이용자들은 불만이 많았습니다. 이 문제는 오티스를 상당히 골치 아프게 했습니다. 엘리베이터의 속도를 개선하는 데는 시간과 기술, 돈이 많이 들어가기 때문이었습니다. 그러나 풀기 힘들 것 같던 이 문제를 한 여성 엘리베이터 관리인이 간단하게 해결했습니다. 그녀가 제시한 해결책은 바로 엘리베이터 안에 거울을 붙여놓는 것이었습니다. 이용자들은 거울을 보느라 엘리베이터가 느리다는 사실을 알아채지 못했습니다. 오티스는 더 빠른 엘리베이터를 설치하는 대신 이용자들의 시간에 대한 감각을 바꾸어놓은 것입니다.

참으로 흥미로운 사례가 아닙니까? 그 여성은 엘리베이터 속도를 높여야 한다는 생각, 즉 누구나 하는 생각 대신 다른 생각으로 그 문제에 접근했습니다. 통찰에서 비롯한 생각의 힘입니다.

그런데 재미있는 사실은, 통찰을 통해 다른 생각을 하게 될 뿐만 아니라 거꾸로 다른 생각을 함으로써 통찰적 관점이 생긴다는 것입니다. 그러니까 '통찰' 과 '다른 생각' 이 선순환하는 것이죠. 해결해야 할 문제를 끊임없이 고민하다 보면, 문제의 핵심을 관통하는 통찰적 관점이 나오게 됩니다. 어느 순간에 그 문제에 다가가는 새로운 실마리를 찾게 되는 것이죠. 즉, 다른 생각을 통해 통찰적 관점이라는 멋진 결과를 얻고, 통찰력이 좋아지면 또다시 다른 생각을 하게 됨으로써 창조적 해결점을 찾게 됩니다.

통찰, 표면 아래 진실 찾기

통찰은 사물의 관계를 꿰뚫어 보는 새로운 관점입니다. 그것은 복잡했던 관계를 간단명료하게 만들어줍니다. 통찰은 복잡한 문제를 단순하게, 어려웠던 문제를 쉽게 만듭니다. 그러니까 통찰을 한마디로 표현하자면, 기존 생각과는 다른 생각을 함으로써 표면 아래 숨어 있는 진실을 찾아내는 것입니다.

대개 사람은 겉모습만 보고 고정관념에 기대어 삽니다. 사실 고정관념은 사회가 함께 공유하고 있는 상식 같은 것입니다. 그러나 그 밑에는 훨씬 커다랗지만 아직 발견되지 않은 진실이 숨어 있습니다. 마치 한 귀퉁이만 드러내고 대부분은 바닷속에 잠겨 있는 빙산처럼 말입니다. 이렇듯 숨어 있는 진실을 찾아내어 활용하는 것이 바로 통찰입니다.

제가 이렇게 거듭해서 통찰이 무엇인지 말씀드리는 이유는 그만큼 통찰이 중요하기 때문입니다. 다가오는 미래에 우리가 성공할 수 있는 열쇠이기 때문입니다. 저는 우리가 갖춰야 할 경쟁력은 통찰에서 나올 것이라 확신합니다. 앞에서도 말씀드렸지만 우리나라는 사람이 자원인 나라입니다. 사람이 자원으로 빛을 내기 위해 필요한 기본 연료가 통찰입니다. 이미 옛날 방식으로 하는 교육은 무의미해지고 있습니다. 누구나 인정하고 있듯이 20세기 교육은 달달 외우는 암기식 교육이었습니다. 하지만 그런 교육은 경쟁력 있는 인재를 길러내지 못했고 따라서 우리의 미래는 그다지 밝지 못합니다. 그러므로 우리가 살아남고 발전하기 위해 21세기 교육은 정보와 자료를 조합해내는 창의적, 통찰적 교육이 되어야 합니다.

지금은 우리가 원하는 모든 정보가 컴퓨터와 인터넷에 다 있습니다. 자료가 담긴 창고는 모든 사람들에게 열려 있습니다. 그렇기 때문에 어떻게 이 정보들을 조합해서 문제를 해결할 수 있는 아이디어를 내느냐가 핵심입니다. 즉 통찰력을 지닌 사람만이 경쟁력을 갖추고 성공이라는 길을 걸을 수 있습니다.

이미 경영 현장에서는 작은 아이디어 차이로 승부가 갈립니다. 월마트는 재고관리에 대한 통찰적 관점으로 케이마트와 시어스를, 도요타는 효율성으로 지엠과 포드를 압도했습니다. 나이키는 리복에 밀린 매출을 나이키 에어로 단번에 회복했습니다. 베스트바이, 홈데포, 아이팟 역시 제품과 소비자에 대한 통찰적 관점으로 짧은 시간 업계 최강자가 되었습니다. 어떤 기업이든 어떤 개인이든 그렇게 될 수 있습니다. 통찰력을 몸에 익힌다면 그 누구라도 자신이 원하는 강자의 자리에 앉게 됩니다.

이 책은 통찰 입문서입니다. 통찰이란 고정되어 있는 것, 일반적으로 사람들이 자연스럽게 공유해 의심할 이유가 전혀 없는 것을 완전히 새롭게 바라보는 인지적 행동입니다. 사람은 날 수 없다는 뻔한 사실을 전혀 다른 관점으로 살펴봄으로써 비행기가 탄생했습니다. 물이 끓을 때 수증기를 뿜어내는 것을 전혀 다른 관점으로 살펴봄으로써 증기기관이 탄생했습니다. 자명한 사실을 자명하지 않은 관점으로 해석하는 것, 이것이 바로 중요한 경쟁력인 통찰입니다. 앞으로 통찰의 힘은 더욱 강력해질 것입니다.

그렇다면 문제는 단순해집니다. 어떻게 하면 자명한 사실을 다르게 해석해낼 수 있는지를 밝혀내는 것이 우리의 과제가 됩니다. 어떻게 하면 통찰의 체계를 만들고 이를 전파할 수 있을까요?

이 책은 통찰을 만들어내는 방법을 7가지 관점에서 살펴보고 있습니다. 지난 수십 년 동안 경영 환경에서 승부를 가른 결정과 사례들을 항목별로 정리해 설명하며, 완전히 새롭고 훌륭한 통찰의 노하우를 살펴보고 어떻게 문제를 해결했는지 자세한 방법을 찾아보고자 합니다. 기업 경영의 토대가 되는 기업 철학, 물건을 팔기 위한 마케팅, 새로운 상품이나 서비스를 위한 기획, 하다못해 보고서 한 장을 쓰는 일에도 통찰은 필요합니다.

다시 한 번 강조하지만 21세기에는 통찰이 매우 중요해지고 있습니다. 이제 남들과 비슷해서는 살아남을 수 없기 때문입니다. 판을 뒤바꿔버리는 통찰이 필요한 때입니다.

오랫동안의 경험과 연구 끝에 태어난 이 책이, 독자들로 하여금 통찰을 체득하게 하는 데 실질적인 도움이 되기를 바랍니다. 그리하여 독자들이 세상을 발전시키는 원동력을 갖추고 자신과 기업, 그리고 세상을 성공으로 이끌어가는 데 기여할 수 있게 된다면 더없이 기쁘겠습니다.

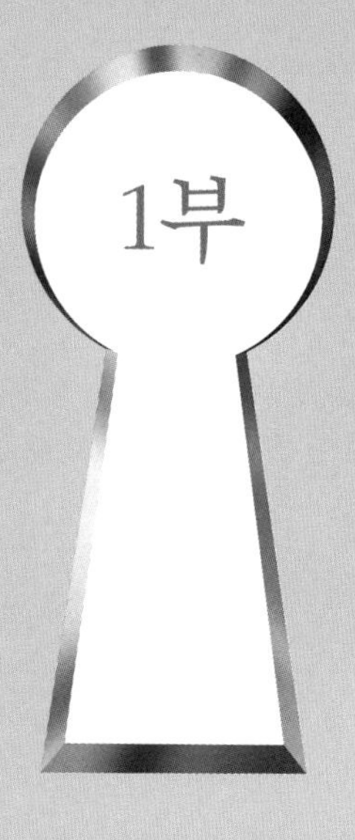

통찰의 3단계

THE ART OF BUSINESS INSIGHT

통찰의 메커니즘

지금부터 통찰의 3단계를 살펴보겠습니다. 이 3단계 과정을 훌륭히 통과하게 되면 통찰력이 놀랍게 발전할 것입니다. 그리고 통찰은 우리에게 엄청난 변화를 선물로 주고 기적을 낳을 것입니다.

통찰이 우리에게 놀라움을 주는 이유는 무엇일까요? 그것은 사람의 기억 구조에 변화를 주기 때문입니다. 여기서 기억 구조가 얼마나 중요한지 잠깐 다루고 넘어가겠습니다.

우리는 시장이라는 말을 자주 쓰는데, 시장은 무엇을 의미할까요? 흔히 시장은 물건을 사고파는 곳을 뜻하는데 우리 뇌도 시장과 유사합니다. 시장에 물건이 아무리 많아도 사람들은 필요하고 끌리는 것에만 주의를 기울이듯, 두뇌는 외부 정보를 받아들이지만 그 정보를 취사선택해서 기억하게 됩니다.

그런데 통찰적 정보가 들어오면 우리 뇌는 어떻게 반응할까요? 우선은 놀라겠죠. 그리고 그 놀라움을 안정시키려고 기존 정보와 새로 들어온 정보를 재해석하기 시작합니다. 우리 뇌에서는 서로 떨어져 있는 정보들 사이의 빈틈을 메우기 위해 추론하는 양이 늘고 결국 여러 기억들과 정보들이 하나로 합쳐지게 됩니다. 이것이 잘 이루어지면 기억 체계가 더 정교해집니다. 이를 도표로 나타내면 다음과 같습니다.

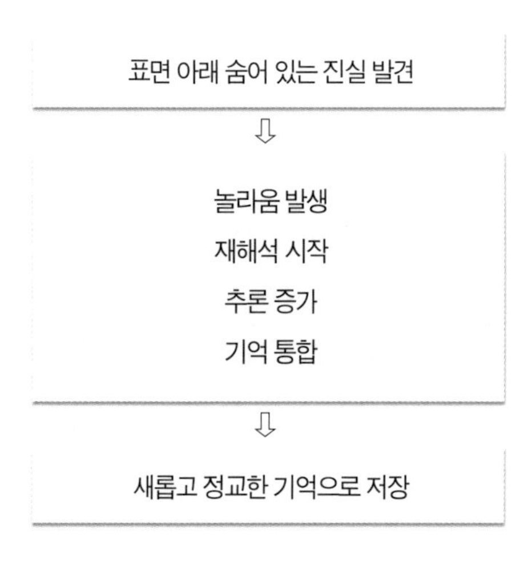

김치를 예로 들어보겠습니다. 지금은 김치를 온 세계가 건강 식품으로 인정하므로 동양인들뿐 아니라 서양인들 중에도 즐겨 먹는 사람이 많습니다만, 얼마 전까지만 해도 그렇지 않았습니다. 오히려 냄새가 난다는 등 좋지 않은 평가가 많았습니다. 그랬던 김치가 지금과 같은 위치를 확보하는 데에는 조류독감 영향이 컸습니다. 여러 나라에서 조류독감에 걸려 많은 사람들이 죽었지만, 우리나라에서는 조류독감 피해자가 단 한 명도 없었습니다. 그런데 그 이유가 바로 김치에 있다는 것입니다. 이 사실이 알려지면서 김치에 대한 긍정적인 인식이 확산되었습니다.

이는 김치에 대한 통찰적 이해가 발생한 결과입니다. 김치에 대해 잘 모를 때는 냄새가 좋지 않은 음식이었지만, 다시 한 번 살펴봄으로써 발효과학이 만들어낸 훌륭한 건강 식품이라는 사실을 알게 된 것입니다. 표면 아래 숨어 있는 진실이 발견된 것이죠. 이렇게 새로운 사실이 발견되면 사람들은 당연히 놀라게 마련이고, 그것이 지닌 가치를 새삼 다시 생각하면서 재해석을 시작합니다. 그리고 자신의 경험에 비추어 추론함으로써 안정된 형태로 기억하게 됩니다. 표면 아래 숨어 있는 진실을 알게 됨으로써, 다시 말해 통찰적 이해가 이루어짐으로써 기억이 더욱 정교해지는 것입니다.

다른 사례로 통찰이 얼마나 커다란 성공을 만들어내는지 보여준 사람을 소개합니다. 아이맥, 아이팟, 아이폰을 연이어 출시하며 기가 막힌 통찰을 보여준 스티브 잡스Steve Paul Jobs입니다. 스티브 잡스의 이야기는 매우 흥미진진합니다. 그는 세계 최초로 그래픽 유저 인터페이스GUI, graphic user interface를 개인용 컴퓨터에 적용한 매킨토시를 만들었고, 그 뒤 아이팟과 아이튠으로 세계적인 열풍을 불러일으켰습니다. 최근에는 개인용 컴퓨터 못지않은 휴대전화인 아이폰까지 내놓아 또 다른 트렌드를 만들고 있습니다.

스티브 잡스는 어떻게 내놓는 제품마다 이렇게 성공할 수 있었을

애플의 창업자 스티브 잡스

까요? 모두 표면 아래 숨어 있는 진실을 찾아 제품으로 만든 것입니다. 엠피스리 플레이어인 아이팟은 단순하면서도 세련된 디자인과 싼 값에 음악을 내려받을 수 있는 온라인 서비스를 강점으로 내세워 크게 성공했습니다. 누군들 디자인이 중요한지 모르고, 온라인 서비스가 중요한지 몰랐겠습니까? 그런데 아무도 하지 못한 것을 해냄으로써 스티브 잡스는 소비자들을 완전히 사로잡았습니다. 최근에 나온 아이폰은 더 놀랍습니다. 이것을 한번 써본 사람이라면, 전혀 개념이 다른 이 휴대전화에 폭 빠져들고 맙니다.

이 모든 것이 통찰이 낳은 결과입니다. 뒤에 자세히 설명하겠지만, 스티브 잡스는 소비자들이 어디에서 결핍을 느끼는지 구체적으로 정의한 다음 분명한 의도를 중심으로 파고들었습니다. 그것을 위해 기존 정보들을 재조직하는 과정을 거침으로써 소비자들에게 사랑받는 제품이 탄생하게 된 것입니다. 역시 표면 아래 숨어 있는, 소비자들이 정말 원하는 것을 찾아낸 사례입니다.

아이폰

저는 통찰이 얼마나 중요한지 아무리 강조해도 지나치지 않다고 생각합니다. 세상을 발전시킨 원동력은 통찰에서 나왔다고 믿기 때문입니다. 사람들은 대부분 통찰이 빚어내는 새로운 결과와 마주치면, 매우 놀라면서 "왜 미처 몰랐을까?" 하고 무릎을 치며 감탄합니다. 너무나 하찮다고 생각해서 혹은 겉모습에 속아 그 본바탕이거나 표면 아래 숨어 있는 원리들을 잘 보지 못했기 때문이죠. 그러니 통찰이 우리 앞에 그 원리들을 드러내 보이면 탄복할 수밖에 없습니다. 이처럼 통찰은 우리에게 다양한 면에서 깜짝 놀랄 만큼 유익한 결과를 선사합니다.

그런데 통찰적 사고를 한다는 것이 말처럼 그렇게 쉬운 일은 결코 아닙니다. 산보 다니듯 어슬렁거리다 퍼뜩 떠올리거나 터득할 수 있는 것이 아닙니다. 앞으로 세상을 발전시킬 수 있는 원동력이며 기업이나 개인이 성공할 수 있는 경쟁력이 통찰임은 분명한데 어떻게 하면 통찰적 사고를 할 수 있는지, 그 체계를 풀어내는 것이 제 과제가 되었습니다. 그리고 통찰에는 몇 가지 요소가 있다는 것을 알게 되었습니다. 오랜 연구 끝에 통찰의 요소를 알아냄으로써 통찰의 3단계를 정리할 수 있게 된 것입니다.

기적을 일으키는 통찰의 수준

통찰의 3단계를 논의하기 전에, 우리가 원하고 진정 기적을 일으키게 할 통찰은 어느 정도 수준이어야 하는지 얘기하겠습니다. 우리가 꿈꾸는 통찰은 상당히 수준 높은 통찰입니다. 그러나 처음부터 수준 높은 통찰을 얻기는 어렵습니다. 낮은 단계에서부터 차근차근 실력을 쌓아가는 것이 필요합니다.

영국의 발명가 조지 스티븐슨George Stephenson이 증기기관차를 만들 때 일이었습니다. 스티븐슨은 기관사로 탄광에서 일했습니다. 당시 탄광에서는 석탄을 옮길 때 주로 말을 이용했는데 비용이 많이 들었습니다. 그래서 탄광 감독이 스티븐슨에게 말 대신 증기기관을 이용해보자고 제안했습니다. 스티븐슨은 자신이 개량한 증기기관을 갱도에 설치해 수레를 끌게 했습니다. 덕분에 탄광에 필요한 말은 100필에서 15필로 줄었습니다.

스티븐슨은, 탄광에서만 증기기관을 쓸 게 아니라 증기기관차를 만들고 철도를 놓아 도시까지 화물을 운반하면 비용을 더 많이 줄일 수 있을 것이라고 생각했습니다. 스티븐슨은 열심히 연구하고 부품을 개량해 증기기관차를 만들었습니다. 1814년 7월 25일 스티븐슨이 만든 기관차가 처음으로 킬링워스 철도에서 성능을 시험했습니다. 기관차는 화물차 8량에 화물 30톤을 싣고 시속 6.5킬로미터로 달렸습니다. 말과 비교해 비용이나 속도에서 큰 차이가 없었습니다. 기관차도 부품을 아무렇게나 조립한 탓에 조잡하고 투박해 보였습니다. 주변에서는 모두 한마디씩 했습니다.

"당신이 만든 기관차는 말 한 마리보다도 힘을 못 쓰고, 대신에 그 소리는 말 몇천 필보다 크니, 어디 써먹을 데가 없습니다."

특히 철도를 경쟁자로 생각한 운하 회사들이 엄청나게 비난했습니다. 그들은 철도를 비난하는 책과 신문을 찍어 사람들에게 마구 뿌렸습니다.

누구라도 이런 얘기를 들으면 좌절했을 것입니다. 물론 스티븐슨도 힘들었겠지요. 그러나 꽃은 한겨울 추위를 견디고야 피는 것이라 했던가요. 스티븐슨은 이런 비웃음을 이겨냈습니다. 스티븐슨은 증기기관차를 거듭 개량해 마침내 1829년 유명한 '로켓호'를 만듭니다. 로켓호는 최대속력이 시속 47킬로미터, 평균속력이 시속 24킬로미터에 이르렀습니다. 사람들은 로켓호가 힘차게 달리는 모습을 보고 깜짝 놀라 입을 다물지 못했다고 합니다. 조지 스티븐슨이 해낸 것입니다. 이때가 돼서야 주변 사람들도 스티븐슨의 노력에 찬사를 보내기 시작했고, 비로소 유럽 대륙에 철도가 깔리기 시작하였습니다.

옛말에 '첫술에 배부르랴?'라는 말이 있습니다. 스티븐슨 이야기를 듣고 있으면, 진정으로 첫술에 배부를 수 없다는 것을 알게 됩니다. 통찰은 구체적인 문제를 해결하기 위해, 표면 아래 숨어 있는 진실을 찾아내는 것입니다. 그러기 위해서는 작은 성과에 만족하지 말고 끝까지 노력해서, 끝판에는 원하는 수준을 이루어야 할 것입니다.

스티븐슨과는 전혀 다른 길을 밟은 사람도 있습니다. 바로 존 뉴랜즈John Newlands라는 과학자입니다. 화학 교과서를 보면 원소주기율을 완성하여 발표한 사람이 드미트리 멘델레예프Dmitrii Mendeleev라고 나와 있습니다. 그런데 사실 원소주기율을 발견한 사람은 멘델레예프가 아니라 뉴랜즈였습니다. 뉴랜즈는 1865년 원소주기율을 발견하고 영국 화학회에 이를 보고합니다. 처음 만든 것이니 당연히 모자란 점이 있었을 테지요. 사람들은 뉴랜즈가 발견한 원소주기율의 단점을 들추기 시작했습니다. 심지어 어떤 과학자한테서는 "어떻게 배열하든지 우연히 맞아떨어질 수 있을 테니 원소들을 알파벳 순서로 늘어놓아보지는 않았느냐"라는 조롱 섞인 질문까지 받았습니다. 스티븐슨이 처음 만든 약점투성이 증기기관차가 공격받았듯이 뉴랜즈의 원소주기율도 공격받은 것입니다. 의기소침해진 뉴랜즈는 좌절해서 그만 연구를 포기하고 말았습니다. 너무나도 아까운 일이 벌어지고 만 것입니다.

멘델레예프는 그와 별도로 원소주기율을 연구하여 4년 뒤 완성된 원소주기율표를 발표하였고, 과학계가 이를 정식으로 인정했습니다. 생각해보십시오. 뉴랜즈의 연구가 아깝지 않습니까? 조금만 더 노력했다면 멘델레예프의 업적을 자기 것으로 만들 수 있었는데, 안타깝게도 그러지 못했습니다.

이처럼 완성되는 순간까지 노력하지 않으면 통찰은 기적을 일으키지 못합니다. 분명히 말씀드리지만 통찰은 중간에 포기하지 않고 끝까지 노력해야 완성할 수 있습니다. 통찰적 사고를 완전히 체득하기 위해선 용두사미처럼 처음에만 열심히 할 게 아니라, 화룡점정하듯이 끝까지 완성도를 높이기 위해 노력해야 한다는 점을 강조하며, 이제부터 통찰의 3단계에 대해 말씀드리겠습니다.

구체적으로 문제를 정의하라

과녁부터 세우라

통찰적 관점을 갖기 위한 첫 단계는 '해결해야 할 문제에 대해 구체적으로 정의하라'는 것입니다. 구체적으로 문제를 정의한다는 것은 활과 과녁의 관계에 빗대어 설명할 수 있습니다. 활을 쏴야 하는데 맞혀야 할 과녁이 없다면 어떻게 될까요? 어디로 활을 쏴야 할지 막막할 것입니다. 그러면 시작도 못합니다. 과녁이 있어야 활을 쏠 수 있듯이 문제가 무엇인지 구체적으로 정확히 알아야 그것을 해결할 수 있습니다. 의사가 환자를 치료하기 전에 먼저 어디가 아픈지 진찰하는 것처럼, 해결해야 할 문제를 정확하게 정의하는 것이 통찰의 첫 단추를 끼우는 단계입니다.

이 첫 단계에서는 눈을 감고도 선하게 보일 만큼 문제를 자세히 정의하는 것이 중요합니다. 사례 한 가지를 들어보겠습니다. 지금은 평범한 제품이 되어버린 팩시밀리 이야기입니다. 어느 사무실에나 놓여 있고 가정에서도 사용하는 팩시밀리는 바로 통찰을 위한 첫 단계인 '구체적으로 문제를 정의하는 것'에서 나온 결과물입니다. 즉 필요한 서류나 자료를 보내려고 시간을 너무 많이 소모한다는 구체적 문제를 해결하기 위해 팩시밀리를 만들게 된 것입니다.

멀리 떨어진 곳에 사무용 서류나 자료를 보내기 위해서는 비행기를 이용해도 며칠이 걸리고, 배를 이용하면 몇 달이 걸립니다. 한번 보낸 자료에 문제라도 생긴다면 다시 챙겨야 되니 또 시간이 두 배로 듭니다. 비용 문제도 만만치 않지요. 당연히 사람들은 사회적이며 문화적인 결핍을 느끼지 않을 수 없습니다.

그러던 어느 날, 어떤 사람이 이것을 해결해야 할 문제로 상정하고 소비자들이 느끼는 결핍을 해소하기로 했습니다. 그래서 1970년대 초 제록스를 비롯해 몇몇 회사가 아날로그 팩시밀리를 출시합니다. 자료를 얹어놓고 송신 버튼을 누르면 불과 몇 초 만에 자신이 원하는, '머나먼' 그쪽으로 보낼 수 있습니다. 과거와 견줘본다면 그 효율성은 수십 배에 이르죠. 팩시밀리는 전 세계로 전파되어 지금은 거의 모든 사무실에서 이 기기를 사용하고 있습니다.

그런데 처음 나온 팩시밀리는 감열지(화학물질을 종이에 바르고 열을 주어 글씨를 찍을 수 있게 한 종이)를 사용하였기 때문에 출력된 종이가 둘둘 말리는 특성이 있었습니다. 처음에는 아무도 이것을 문제라고 보지 않았습니다. 그러나 어떤 사람이 둘둘 말리는 종이 때문에 소비자들이 불편해한다는 것을 알아챘습니다. 즉 시간 결핍이라는 문제는 해소했지만 새로운 문제가 생겼고, 그 점이 소비자들을 불편하게 한다고 '구체적으로 문제를 정의' 한 셈이죠. 통찰의 첫째 단계를 실행한 것입니다.

그는 둘둘 말리는 종이를 해결해야만 하는 결핍 사항이라고 다시 정의하고, 그 해결 방안을 찾게 되었습니다. 그래서 일반 용지를 쓰는 팩시밀리가 탄생하게 됩니다. 그 결과가 어땠을까요? 일반 용지를 쓰는 팩시밀리는 기존 감열지를 쓰는 아날로그 팩시밀리 시장을 완전히 대체하고 새로운 수요를 만들어냈습니다.

이 사례는 아주 중요한 사실을 보여줍니다. 그것은 어떤 문제점, 즉 한 가지 결핍을 찾는 것도 중요하지만 여기서 다시 생기는 결핍을 찾아 이를 한 번 더 해결해주는 것이 무엇보다 중요하다는 사실입니다. 다른 관점에서 본다면 계속 성공하기 위해서는 결핍을 발견하고 해소하는 과정을 연이어 반복해야만 한다는 것입니다. 이런 사례는 도처에 많이 있습니다.

문제점이 곧 결핍이다

그런데 여기서 우리가 놓치지 말아야 할 점이 있습니다. 그것은 우리가 '문제' 라고 생각하는 것은 곧 그 무엇인가에 대해 느끼는 '결핍' 이라는 사실입니다. 여러분은 이미 팩시밀리 사례에서 이 말의 의미를 알아차렸겠지만 조금 더 자세히 설명하겠습니다.

보통 제품이나 서비스에 대하여 소비자들은 어떤 형태로든 불만이 있기 마련입니다. 그런데 이런 불만 가운데도 중요한 것이 있고 가벼운 것이 있습니다. 예를 들어 자동차 연비가 나쁘다는 것은 중요한 문제고, 트렁크가 작다는 것은 가벼운 문제입니다. 연비가 나쁘면 소비자는 불만이 쌓이게 되고 연비를 개선한 자동차를 원하게 됩니다. 이처럼 불만사항 가운데 중요한 문제에 대해서는 소비자들이 결핍을 느끼게 됩니다. 그래서 소비자가 느끼는 중요한 문제점과 그와 함께 발생하는 소비자 결핍을 찾는 것이 중요합니다.

무엇인가를 문제라고 느낀다는 것은 그것에 대해 어떤 결핍을 느낀다는 뜻입니다. 이것을 제품에 한정한다면, 제품의 문제점을 발견한다는 것은 곧 소비자가 느끼는 결핍을 찾는 것과 같습니다. 그리고 문제를 해결하면 결핍은 사라집니다.

구체적인 문제점을 해결하기 위해 노력하다 보면 남다른 아이디어를 내게 됩니다. 휴대전화를 예로 들겠습니다. 처음 소비자들에게 선보인 휴대전화는 '무전기' 라고 불릴 만큼 크고 무거웠지만 휴대전화라는 제품 자체의 특이성 때문에 소비자들이 그냥 사용했습니다. 그러나 시간이 흐르자 점차 불편해졌습니다. 본래 서 있으면 앉고 싶고, 앉으면 눕고 싶은 게 사람 마음이기 때문이지요. 솔직히 초기 제품은 휴대전화라는 이름이 부끄러울 만큼 무겁고 커서 들고 다니기에는 불편했습니다. 그래서 나온 것이 크기를 줄여 바 모양으로 만든 휴대전화였습니다. 초기 제품의 문제점을 '크고 무겁다' 라고 구체적으로 정의한 다음 이 문제를 해결한 새로운 제품을 내놓게 된 것입니다.

그 뒤로도 휴대전화는 점점 더 발전합니다. '왜 바처럼 생긴 것만 있어야 하지?' 또다시 문제점을 발견하고 고심한 결과 '플립 형' 이라는 새로운 아이디어가 나왔습니다. 곧이어 폴더 형 휴대전화에서 컬러 휴대전화, 그리고 카메라폰까지 뒤를 이었습니다. 문제점을 해결하려 노력할수록 남다른 아이디어가 나오고 제품의 가치는 점점 커졌습니다.

기존 제품이 지닌 문제점을 해결함으로써 소비자 결핍이 사라지고 제품의 가치가 증대한다는 것, 이것이 바로 통찰의 결과입니다. 이런 예는 성공한 기업과 개인에게서 많이 찾아볼 수 있습니다. 문제를 구체적으로 정의함으로써 얻게 되는 통찰적 관점이 새로운 아이디어를 낳은 또 다른 예를 소개합니다.

일본 도쿄 아키하바라에 있는 다이이찌라는 회사는 사람들이 많이 찾는 유통 회사입니다. 다이이찌가 사람들에게 사랑받는 이유는 아주 참신한 아이디어를 마케팅에 접목했기 때문입니다. 그 아이디어는 고객들이 느끼는 문제점을 구체적으로 정의한 다음 해결책을 찾는 과정에서 나온 것입니다.

사람들이 느끼는 문제점은 집이 대체로 좁기 때문에 생긴 것이었습니다. 일본은 땅값이 우리나라보다 훨씬 비싸서 넓은 집에 사는 사람이 많지 않습니다. 그렇기 때문에 여름이 되면 겨울 용품을, 겨울이 되면 여름 용품을 보관하는 게 골칫거리입니다. 집이 좁으니 여름이 되면 겨울에 쓰던 히터를 보관할 곳이 마땅치 않고, 겨울이 되면 여름에 쓰던 선풍기 따위를 보관할 만한 곳이 없는 것이죠.

다이이찌는 사람들이 느끼는 문제점을 구체적으로 정의하였고 그 해결책으로 '여름에는 겨울 용품을, 겨울에는 여름 용품을 보관해준다'는 기발한 아이디어를 냈습니다. 해당 제품을 보관해주고 그 다음 해에 돌려주는 서비스를 시행하자 고객들이 아주 좋아했으며 당연히 전자 제품을 살 때는 그곳을 찾았습니다. 그뿐 아니라 자신이 직접 사진 못하더라도 주변 사람들에게 많이 소개해주었습니다. 다이이찌는 소비자가 느끼는 문제점, 즉 결핍을 해소해줌으로써 성장할 수 있었던 것입니다.

예를 하나 더 들어보겠습니다. 거의 모든 기업, 특히 광고 회사나 출판사에서 많이 사용하는 서비스가 있습니다. 바로 웹하드 www.webhard.co.kr입니다. 웹하드가 놓치지 않은, 고객들의 구체적 문제점은 무엇이었을까요? 그것은 바로 대용량 데이터를 가지고 다니기가 불편하다는 점이었습니다. 웹하드 덕분에 많은 자료를 거래처와 자주 주고받아야 하는 기업과 개인은, 단순하게는 불편함을 해소했을 뿐 아니라 비용까지 아낄 수 있게 되었습니다. 퀵서비스 오토바이를 이용하는 비용과 웹하드 서비스에 지불하는 비용은 큰 차이가 나기 때문입니다. 웹하드는 기존 서비스의 문제점을 혁신적으로 해결해준 것입니다. 소비자가 느끼는 문제점을 해결해주는 것은 결핍을 보완하려는 노력이 만들어낸 아이디어입니다. 결국 통찰적 관점이

필요한 것이죠.

이 책에서는 통찰력을 이야기하기 위해 제품의 문제점을 소비자 결핍이란 관점으로 보는 방법을 택했습니다. 왜냐하면 제품 자체가 지닌 문제보다는 소비자 결핍이 더 중요하기 때문입니다. 그런데 제품이 지니고 있는 문제점은 결국 소비자 결핍을 야기하기 때문에 이 둘은 거의 같은 개념입니다.

이처럼 소비자가 어떤 불편함을 겪는지, 그 불편함 때문에 어떤 결핍을 느끼는지를 발견하여 문제를 정확하게 정의하는 것, 이것이 바로 매우 중요한 통찰의 첫째 단계입니다.

그렇다면 어떻게 해야 문제를 구체적으로 정의할 수 있을까요? 물론 많은 조건이 필요합니다. 그 중에서도 가장 중요하지만 사람들이 대충 보아 넘기는 것이 있습니다. 바로 상당한 노력이 필요하다는 점입니다. 그것은 허투루 노력해서 할 수 있는 것이 아닙니다. 끊임없이 머리를 써서 생각하고 연구해야 합니다.

사람의 머리도 에너지가 있어야만 돌아갑니다. 이 에너지는 음식으로 보충하기도 하지만, 더 중요한 것은 굳은 의지입니다. 흔들리지 않는 심지로 문제를 해결하고자 노력할 때에야 비로소 문제점을 구체적으로 정의할 수 있습니다. 이 부분은 통찰의 둘째 단계를 말씀드릴 때 좀 더 자세히 다루겠습니다.

정확한 의도를 가지고 충분한 주의를 기울이라

내적 동기를 가지고 몰입하라

제품이 지닌 중요한 문제점과 소비자 결핍을 어떻게 하면 더 정확히 발견하고 해결할 수 있을까요? 그러기 위해서는 먼저 '정확한 의도와 충분한 주의'가 있어야 합니다. 그래야만 깊이 있게 생각하고 연구하기 시작하며 통찰적 해결 방법을 찾을 수 있습니다.

정확한 의도와 충분한 주의가 없으면 에너지가 발생하지 않고, 에너지가 발생하지 않으면 통찰적 해결 방법이 나오기 힘듭니다. 산고를 겪지 않고는 새 생명을 얻을 수 없듯이, 문제를 해결하고야 말겠다는 의지를 갖고 주의를 집중하지 않으면, 통찰을 얻을 수 없습니다.

여기서 우리는 통찰의 둘째 단계를 발견하게 됩니다. 그것은 바로 '문제 해결을 위해 정확한 의도를 가지고 충분한 주의를 기울이라'는 것입니다. 문제를 구체적으로 정의했다면, 이제 정확한 의도를 가지고 충분히 주의를 집중해야 눈이 번쩍 뜨이는 해결 방법을 끌어낼 수 있습니다.

통찰의 둘째 단계인 '정확한 의도와 충분한 주의'를 잘 설명하는 사례 한 가지를 소개합니다. 아파서 내과 병원에 가면 내과 의사가 제일 먼저 하는 일이 청진기를 대보는 것입니다. 우리 몸속에서 어떤 일이 벌어지고 있는지 쉽게 관찰하기에 청진기만한 것이 없습니다. 그런데 이 청진기는 누가 만든 것일까요?

프랑스 사람인 르네 라에네크Rene Laënnec는 내과 의사였습니다. 당시에는 호흡기, 심혈관계 질환을 앓고 있는 환자들이 많았습니다. 그래서 진찰할 때 몸속에서 어떤 소리가 나는지 직접 들어보는 것이 무엇보다 중요했습니다.

그런데 남자 환자들이야 귀를 대고 들어도 괜찮지만, 여자 환자들이 문제였습니다. 여자 환자를 진찰하기 위해 직접 귀를 환자 가슴에 대고 소리를 들을 수는 없는 노릇이기 때문이죠. 까딱 잘못하다가는 치한으로 몰려 봉변당하기 십상이어서, 이럴 수도 저럴 수도 없을 때가 많았습니다. 이런 당황스런 형편이야 르네 라에네크만이 아니라 당시 모든 의사들이 다 같이 겪는 문제였습니다.

그러던 어느 날 종이를 돌돌 말아서 환자 가슴에 대고 들어봤는데, 훨씬 소리가 선명하게 들렸습니다. 르네 라에네크는 여기에 그치지 않고, 고무로 튜브를 만들고 소리를 모을 수 있는 집음부를 달아 지금의 청진기와 비슷한 제품을 만들었습니다. 이 청진기는 의사들 사이에서 빠르게 퍼져 나가 그야말로 대박을 터뜨렸습니다. 이것은 그때까지 잘 듣지 못하는 환자 몸속 소리를 직접 그리고 간단하게 들을 수 있게 해주었는데, 심장과 폐 질환 진찰에 크게 도움이 되었다고 합니다.

어떻게 르네 라에네크는 청진기를 발명하게 되었을까요? 다른 의사들도 모두 똑같은 불편함을 느끼고 있었는데, 왜 하필 르네 라에네크라는 의사만 이 문제를 해결할 수 있었을까요? 옛말에 목에 차야 넘어온다는 말이 있고 목마른 사람이 우물을 판다는 말도 있습니다. 문제를 인식하지만 말고, 그것을 해결하기 위해 정확한 의도를 가지고 충분한 주의를 기울여야만 합니다. 이것이 문제를 해결하는 열쇠입니다.

이처럼 정확한 의도와 충분한 주의는 몰입으로 이어집니다. 몰입은 문제를 해결하는 데 결정적인 구실을 합니다. 제 이야기를 하나 하겠습니다.

제가 박사학위 논문을 쓸 때였습니다. 오랫동안 연구해온 브랜드에 대한 논문으로 '브랜드 확장에서의 시너지 효과를 검증하고 그 이유를 밝히는 것' 이 주제였습니다. 논문이라는 것이 그렇듯이 오랜 시행착오와 수정 그리고 각고의 노력이 필요했습니다. 당연히 한 번에 끝낼 수 없었고 수없이 고치고 또 고쳤습니다. 그런 과정을 거치고 이제 거의 끝이 보인다고 생각할 무렵이었습니다. 그만 커다란 걸림

돌에 걸려 막히고 말았습니다. 논문 주제에 맞는 메커니즘의 검증 부분에서 딱 걸리고 만 것입니다. 시너지 효과가 있다는 것을 보여주기는 했는데, 왜 그런지를 검증해낼 만한 아이디어가 떠오르지 않았기 때문입니다.

그렇지만 전 포기하지 않았습니다. 대신 제가 선택한 방법은 몰입이었습니다. 논문을 써야 하는 정확한 의도와 충분한 주의가 있었기에 자연스레 몰입하게 된 것이지요. 낮이나 밤이나, 자나 깨나, 밥 먹을 때나 걸을 때나, '앉으나 서나 당신 생각' 이라는 노랫말처럼 그저 오로지 그 생각만 했습니다.

'도대체 시너지 현상은 왜 일어날까?' 이 주제에 몰입한 저는 시간이 가는 줄도 모르고, 제가 무엇을 하는지도 몰랐습니다. 옆에 누가 있어도 몰랐습니다. 오로지 '왜 이런 일이 일어날까? 이것을 어떻게 증명할까?' 그것만을 생각했습니다. 그러던 중 어느 순간에 아이디어가 딱 떠올랐습니다. 몰입을 통해 드디어 그 메커니즘을 설명할 수 있는 방법이 떠오른 것입니다. 이것이 바로 통찰의 둘째 단계인 정확한 의도와 충분한 주의가 만든 결과입니다.

그런데 사람이 정확한 의도와 충분한 주의를 스스로 만들어내기란 쉽지 않습니다. 왜냐하면 사람은 원래 머리 쓰는 것을 싫어하기 때문입니다. 사람은 몸 쓰는 것도 싫어하지만, 머리 쓰는 것은 더 싫어하는 경향이 있습니다. 한 20년 전쯤에 〈하버드대학의 공부벌레들〉이란 드라마가 있었습니다.

이 드라마를 보면, 대학생들이 강의를 듣고 스스로 문제를 발견하여, 도서관에서 책을 찾아 연구하고, 해결 방안을 만들어냅니다. 아주 훌륭한 학생들입니다. 그런데 실제로는 이런 학생이 거의 없습니다. 스스로 문제를 찾아서 대안을 구하는 노력을 해야만 성과가 나오기 마련인데, 그렇게 하기는 사실상 매우 어렵습니다. 저도 대학에서 10년 이상을 강의하고 있습니다만, 그런 학생은 별로 만나본 적이 없습니다. 왜 그럴까요?

이유는 간단합니다. 머리 쓰는 것이 힘든 일이기 때문입니다. 힘든 일을 자발적으로 열심히 하기는 어려운 것입니다. 그러나 이렇게 스스로 인지적 자원을 써서 노력하지 않으면, 머릿속에 들어가는 정보가 제대로 조직화되기 어렵고, 제대로 저장되기 어렵고, 제대로 인출되기 어렵습니다. 그래서 학교에서 학생들로 하여금 이미 알고 있거나 알고자 하는 지적 자원을 사용하게 하는 방법으로 선택된 것이 바로 시험입니다. 시험은 경쟁 관계를 의도적으로 만드는 것이고, 경쟁 관계가 만들어지면 자아의 가치가 그것과 연결됩니다. 남들보다 못하면 심리적 물리적 불이익이 발생하니까 억지로라도 정보를 조직화하여 머릿속에 집어넣게 됩니다.

새로운 문제를 제대로 정의하는 것은 어려운 일입니다. 그래서 상당한 양의 인지적 자원을 의도적으로 사용해야 하는데, 이것 역시 어렵습니다. 학교에서라면 시험이라도 있지만 통찰은 순전히 스스로 노력해서 이루어야 하는데, 자기 힘으로 인지적 자원을 끌어 쓰기가 쉬운 게 아닙니다. 이때 중요한 것이 무엇일까요? 바로 자발적 동기 부여입니다.

이 말을 조금 멋있는 말로 바꾸면 '내적 동기가 높아야 한다'는 것입니다. 학교에서 강제로 치르는 시험은 외적 동기를 높이는 방법입니다. 시험 점수를 매기고 학생들의 등수를 매겨서 학점의 차등을 둘 것이니, 억지로라도 머리 써서 공부하라는 것입니다. 하지만 이러한 외적 동기의 한계는 분명합니다. 일정 수준 이상의 발전이 불가능합니다. 때문에 외적 동기를 유발하는 것보다 더 중요한 것이 바로 내적 동기를 높이는 일입니다.

내적 동기는 마치 우물과 같아서 주변의 자극과 상관없이 자기 안에서 우러나오며, 내적 동기가 강하면 큰 어려움 없이 기꺼이 자신의 인지적 자원을 사용하려 합니다. 성공하는 사람들은 대부분 바로 이 내적 동기가 강합니다. 그들의 힘은 내적 동기에서 출발한다 해도 과언이 아닙니다. 반대로 실패하는 사람들의 대부분은 내적 동기가 약합니다. 이들을 움직이게 하는 유일한 방법은 누군가 외부에서 시키는 것입니다. 여러분이 스스로의 동기에 의해 움직이는 사람인지, 남이 시켜야 움직이는 사람인지 자문해보십시오. 내적 동기에 의해 움직일 때, 진정한 힘을 갖게 됩니다.

진실로 원하라

통찰의 두 번째 단계인 정확한 의도와 충분한 주의는 자발적 동기에 의해 진정한 힘을 갖게 된다고 했습니다. 그런데 이처럼 자발적 동기를 갖기 위해서는 진실로 원해야 합니다. 진실로 원하면 보이지 않던 것들이 보이고, 새로운 관계가 보이고, 문제의 해법이 저절로 나오게 됩니다. 이것은 진리입니다. 그러나 많은 사람들이 그렇게 하지 않습니다. 진실로 원하지 않으니까 정확한 의도, 충분한 주의가 생기지 않고 결과적으로 적당한 수준에서 타협하게 됩니다.

진실로 원하는 것은 그래서 중요합니다. 요즘 서점가의 화두 중 하나가 '진실로 원하라' 입니다. 진실로 원하면, 나머지는 우주가 도와준다는 것입니다. 많은 이들이 이 말을 믿지 않습니다. 저 역시 의심한 적이 있지만, 살아보니 진실로 원하면 이루어진다는 사실을 직접 경험할 수 있었습니다. 그것도 여러 번 말입니다. 예수도 '두드려라, 그러면 열릴 것이다' 라고 하였고, '하늘은 스스로 돕는 자를 돕는다' 는 말도 있습니다. 진실로 원하면 이루어지는 법입니다.

몇 가지 예를 들어보겠습니다. 미국 예일대학교 베카 레비Becca Levy 교수가 신념이 실제 행동에 미치는 영향을 연구한 적이 있습니다. 연구 결과에 따르면, 나이가 드는 것에 대해 스스로 부정적으로 생각하면 기대수명이 줄어들고, 반대로 긍정적인 신념을 갖고 있으면 기대수명이 연장된다고 합니다. 레비 박사는 긍정적 신념을 갖고 있는 그룹이 그렇지 않은 그룹보다 평균 7.6년을 더 산다고 얘기합니다. 놀랍지요. 신념에 따라 실제 수명이 달라진다니 말입니다.

또 다른 예를 들어보겠습니다. 온 국민을 열광케 했던 2002년 월드컵 때로 돌아가봅시다. 월드컵을 17개월 앞두고 부임한 거스 히딩크 한국 대표팀 감독은 처음에 '오대영' 이란 불명예스런 별명을 얻었습니다. 사령탑을 맡은 지 5개월 후 치러진 컨페더레이션스컵에서 프랑스 대표팀에 5 대 0으로 대패하고 말았기 때문입니다. 하지만 그는 언론과 여론의 거센 비판에 흔들리지 않고 원래 짜놓은 프로그램에 더욱 열중했습니다. '월드컵 첫 승'이나 '16강'보다도 세계 정상을 목표로 삼아야 하며, 한국 축구는 그럴 만한 잠재력이 있다고 굳게 믿었기 때문입니다. 게다가 그는 선수들에게도 신념을 부여했습니다. 그래서 당시 대표팀 선수들은 비판 여론에도 "우리는 발전하고 있다"고 맞서며 히딩크 감독의 지도하에 훈련을 계속했습니다. 그리고 아니나 다를까 월드컵 때 대표팀은 그 진가를 발휘했고, 그제야 여론도 히딩크 감독과 선수들을 믿기 시작했습니다. "우리는 할 수 있다"던 히딩크 사단은 사람들의 기대를 뛰어넘어 무려 4강에 오르는 기적을 일으킵니다. 이는 주위의 비판에도 굴하지 않고 자신이 믿는 원칙과 신념을 고수한 결과라 할 수 있습니다.

박지성 선수의 사례를 빼놓을 수 없겠지요. 그는 일찍이 또래 친구들보다도 체격이 왜소해 운동선수로 부적합하다는 평가를 받았습니다. 게다가 평발이라는 축구선수로서는 치명적인 결함을 가졌습니다. 하지만 지금 박지성 선수는 '꿈의 무대'라 불리는 프리미어리그에서 체격이 월등한 유럽 선수들과 뛰고 있으며, 우리는 그를 '산소탱크'라고 부릅니다. 어떻게 박지성 선수는 자신의 결함을 극복하고 90분 내내 쉬지 않고 경기장을 누빌 수 있는 체력을 기를 수 있었을까요? 축구선수가 되고 싶다는 열망과 신념이 있었기에 가능하지 않았을까요? "축구는 내가 살아가는 이유"라고 서슴없이 말하는 사람이기에, 그만큼 각고의 노력을 기울여 신체적 결함까지 극복할 수 있었던 것이 아닐까 합니다.

프랑스의 바스티유 감옥에서 있었던 일입니다. 사형수의 눈을 가리고 단두대에 올려놓은 다음, 얼음 조각을 목에 떨어뜨렸습니다. 칼이 아니라 얼음 조각을 떨어뜨린 것입니다. 그런데 그 사형수는 칼이 자기 목에 떨어진 줄 알고 숨을 거두었습니다. 자기는 죽었다는 생각이 실제 그를 사망하게 만든 것입니다.

지금 소개한 모든 사례들은 다 신념의 효과를 보여주는 것입니다. 신념에 따라 자신이 변하고 우주가 반응하게 됩니다. 그러니 우리는 무엇을 해야 하나요? 진실로 원하십시오. 그러면 원하는 해답이 보입니다.

이제 여기까지 왔으니 통찰에 대해 조금 더 발전된 정의를 내릴 수 있을 것입니다.

통찰이란,
구체적 문제 해결을 위해 정확한 의도와 충분한 주의를 갖고
표면 아래 숨어 있는 진실을 발견하는 것.

통찰의 정의와 그 단계를 얘기할 때 굳이 문제 해결의 의도와 주의를 전제하는 것에는 이유가 있습니다. 그것은 많은 사람들이 통찰을 여유로운 사고의 과정 중에 저절로 나오는 산물 정도로 이해하기 때문입니다. 통찰은 그렇게 쉽게 얻을 수 있는 것이 아닙니다. 통찰이

란 피해갈 수 없는 막다른 골목에서 문제를 해결하려는 강렬한 욕구로, 이전에는 보지 못하던 관계를 한순간에 파악하는 능력입니다. 그래서 문제와 소비자 결핍을 발견하고야 말겠다는 정확한 의도와 충분한 주의가 전제되어야 합니다. 이것 없이는 통찰이 이루어지지 않습니다.

가용 지식을 재조직하라

전문 지식의 필요성

사람이 만든 모든 것은 이전부터 있던 지식을 모아 재조합한 것입니다. 그러니까 '무'에서 '유'를 만드는 것이 아니라, '유'에서 '유'로 변화하는 것일 뿐입니다. 이렇게 재조합하는 것은 통찰에 이르는 매우 중요한 과정입니다. 여기까지 오면 당연히 기존 지식을 최대한 많이 활용하는 게 필요하다는 사실을 깨닫게 됩니다.

통찰은 사고의 질이 변하는 과정입니다. 그런 뜻에서 상식 수준에 그치는 지식은 큰 의미가 없습니다. 상식은 말 그대로 상식일 뿐입니다. 가능하다면 상식 수준을 넘는 지식이 필요합니다. 물론 상식을 무시하자는 얘기는 아닙니다. 다만 전문 지식을 갖추고 있어야 가용 지식이 더 많아질 테고, 가용 지식이 많아야 사고의 질을 변화시킬 수 있는 재조합이 가능합니다.

2001년 창의성에 관련된 논문이 미국에서 손꼽히는 학술지에 실렸는데, 전문가가 비전문가보다 훨씬 창의적인 결과물을 잘 만든다는 내용이었습니다. 그 이유는 무엇일까요? 당연히 필요할 때 응용할 수 있는 가용 지식의 양과 질이 다르기 때문입니다. 상식을 재조합해 봐야 상식밖에 더 나오겠습니까? 그러나 전문 지식을 재조합하면 수준이 높아질 확률이 훨씬 더 커집니다.

또한 〈해결책을 고안하기: 소비자의 창의성에 미치는 제약의 효과〉(Moreau and Dahl, *Journal of Consumer Research*, 2005)라는 논문에는 인지적 노력이 추가될 때 더 통찰적이고 창의적인 해결 방법이 나온다는 주장이 제시되어 있습니다. 이 연구에서는 2가지 통찰적 방법을 가정하고 있습니다. 하나는 생성적 절차generative process, 다른 하나는 탐색적 절차exploratory process입니다. 생성적 절차란 최종 문제를 해결하기에 앞서 준비하는 사고 과정을 말하는데, 기존 정보를 이용하여 여러 가지 대안을 새롭게 해석하는 단계입니다. 반면에 탐색적 절차는 생성적 절차에서 구성된 초기 생각들을 활용하여 더욱 완성된 재해석을 수행하는 단계입니다. 즉 최종 대안을 만들어내는 단계라 할 수 있습니다. 그러나 처음부터 대안을 완성할 수 있는 것은 아니고, 이를 위하여 계속 같은 과정을 반복해 더욱 완성도 높은 해결 방법을 이끌어내게 됩니다.

그런데 이때 만약 아무런 제약이나 강제가 없으면, 사람은 그냥 편안하고 수월하게 기존 지식만을 이용해 문제를 해결하려 합니다. 다시 말해 깊이 생각하고 고민하지 않습니다. 이런 것을 최소 자원 활용 전략이라고 합니다. 그러나 강제나 제약이 있으면 다른 방법을 사용하게 되는데, 바로 이럴 때 더 통찰적인 사고가 진행됩니다. 그러니까 업무를 볼 때 외부에서건 내부에서건 강제가 있으면 더 좋은 결과가 나온다는 것입니다.

이렇게 설명할 수도 있습니다. 아르키메데스가 목욕탕에서 질량에 따라 부력이 달라진다는 것을 발견하고 유레카를 외칠 수 있었던 것도 황제의 지시가 이를 강제하는 구실을 했기 때문입니다. 마찬가지로 글을 쓰는 사람은 마감 시한이라는 강제가 있기 때문에 글을 완성하게 되고, 학생들은 시험이라는 강제가 있기 때문에 지식을 기억할 수 있게 됩니다. 이렇게 외부나 내부에서 가해지는 강제가 더 좋은 해결 방안으로 이어지기 위해서는 바로 전문 지식이 필요합니다. 전문 지식이 강제와 연합할 때, 사람들은 이전에 발견하지 못했던 해결 방안을 통찰하게 됩니다.

학문이란 이전에 만들어놓은 지적 자산을 체계화하여 다음 세대가 활용하기 쉽도록 구성해놓은 것입니다. 세상에는 수많은 학문이 있습니다. 경영학, 경제학, 법학, 심리학, 사회학, 인문학, 자연과학 등등……. 이렇게 여러 분야로 나뉜 전문 지식들은 어느 순간 새로운 장소에서 서로 만나게 됩니다. 기존 지식들이 새롭게 만나 이전에 없던 새로운 관점이 생기는 것입니다. 바로 이 점 때문에 전문 지식이 필요합니다. 가능한 전문 지식을 갖춰놓아야 통찰하기가 쉬워집니다.

전문 지식의 축적과 재통합

통찰은 사고의 수준이 달라지는 변화입니다. 방대한 데이터와 정보를 하나로 꿰어 이전에 보지 못한 새로운 관점으로 정리하는 것입니다. 그러기 위해서는 전문 지식과 사례에 대한 충분한 이해가 필요합니다. 질적인 변화는 양적인 변화 뒤에 발생하기 때문에, 전문 지식과 사례 연구가 충분하지 않으면 그 지식은 자기 것이 되지 않고 자기 것이 아니면 정작 필요한 순간에 활용하기 힘듭니다. 앞서도 말씀드렸듯이 전문 지식을 갖춘 사람이 그렇지 않은 사람보다 창의성과 통찰력이 월등히 높다는 결론이 있습니다. 꼭 이런 연구 결과가 아니더라도 전문 지식까지 갖춰야 보통 사람들이 보지 못하는 다른 관점을 발견할 수 있습니다.

나폴레옹은 20대 후반에 장군으로 승진했습니다. 나폴레옹은 장군이 되기 전에 인류사에서 벌어졌던 중요한 전쟁에 대한 연구를 모두 끝마쳤다고 합니다. 나폴레옹은, 전투는 머릿속에서 벌어지는 공상이 아니라 사람이 죽고 사는 일이라는 신념으로 실전에서 발생하는 모든 일을 이론과 실제 두 가지 측면에서 모두 꿰려고 작정했습니다. 그래서 그는 전투가 벌어지는 전장 맨 앞에서 모든 상황을 지켜보고 어떤 명령을 내릴지 항상 생각하고 비교해 결정했습니다. 나폴레옹은 그동안 쌓은 지식과 사례 연구 덕분에 거의 모든 전투에서 승리했고, 유럽에서 가장 큰 제국을 만들 수 있었습니다.

이번에는 경영학적 사례를 살펴보겠습니다. 1955년 레이먼드 크록Raymond Kroc이라는 사람이 맥도널드 레스토랑을 만들었습니다. 레이먼드 크록은 햄버거, 감자튀김, 청량음료만을 남기고 다른 메뉴는 다 없애는 획기적인 차림표를 제안합니다. 패스트푸드라는 새로운 흐름이 처음으로 나타난 것입니다. 과거에는 풀코스 레스토랑만 있었는데, 처음으로 몇 가지 제품에만 집중한 패스트푸드 레스토랑이 등장했고 크게 성공합니다. 지금은 맥도널드 같은 패스트푸드점이 전혀 낯설지 않지만, 1950년대 중반만 하더라도 얼마나 독특한 음식점이었겠습니까?

이전에 없던 레스토랑에 가본 소비자들은 자신들도 미처 깨닫지 못하던 필요를 느끼게 되었고, 환호했습니다. 레이먼드 크록이 무엇을 어떻게 한 것입니까? 그는 전혀 새로운 것을 만든 것이 아니라 기존에 있던 것들을 새로운 관계 속에서 바라보고, 이들을 재조직·재조합했습니다. 레이먼드 크록이 한 일은, 해결해야 할 문제점과 소비자 결핍을 구체적으로 정의하고 정확한 의도와 충분한 주의로 기존 지식을 활용해 재조합함으로써 새로운 레스토랑을 만든 것입니다. 이것이 통찰의 결과입니다.

재조직화의 놀라움

우리는 세상을 우리에게 익숙한 틀에 따라 인식하고 대응합니다. 그렇게 배워왔고 그것으로 효과도 많이 봤습니다. 산업사회에서는 모든 사람이 공유하고 있는 상식으로 서로 의사소통하고 문제를 해결합니다. 이것을 더욱 짜임새 있게 체계화한 것을 일컬어 매뉴얼이라고 합니다. 더 높은 생산성을 위해, 실패할 확률을 줄이기 위해 산업사회에서는 매뉴얼을 양산해왔습니다.

그런데 앞에서도 말씀드렸듯이 상식은 딱 상식 수준만큼만 결과를 내게 되어 있습니다. 상식보다 수준 높은 결과나 발전은 상식을 뛰어넘을 때 이루어지는 것이 세상 이치입니다. 그래서인지 이 매뉴얼에서 벗어날 때 더 효과적인 결과가 나오는 것을 심심찮게 목격합니다.

예를 들어보겠습니다. 우리나라 은행의 창구 직원이 일하는 방식은 다른 나라의 경우와 매우 다릅니다. 우리나라 은행 직원은 동시에 몇 가지 일을 처리할 수 있습니다. 한 손님의 계좌를 정리하면서, 다음번 손님이 맡긴 입금을 처리하고, 동시에 그 뒤 손님이 낸 세금을 처리합니다. 반면에 다른 나라 은행에서는 한 손님 일이 다 끝나기 전에는 그 다음 손님을 받지 않습니다. 그것이 매뉴얼식 접근법이기 때문입니다. 미국이나 유럽에서는 이런 방식으로 일을 봅니다. 우리나라 은행 직원들 또한 이런 매뉴얼로 교육받습니다만, 일에 익숙해지면 서너 가지 일을 동시에 처리합니다. 개인적 차원으로 보면 업무 생산성이 월등히 높습니다.

무엇이 이런 생산성의 차이를 만든 것일까요? 그 이유는 재조직화에 있습니다. 우리나라 은행 직원들은 매뉴얼에서 제시하는 절차가 손에 익으면서, 매뉴얼의 내용을 재배치 · 재조직화하여 스스로 업무 효율성을 높인 것입니다. 더 빠른 서비스를 위하여, 예측할 수 있는 범위에서 서비스 단위를 재조직한 것입니다. 이것은 손님한테도 훨씬 좋은 일이죠.

은행을 예로 들었습니다만, 우리에게는 세상을 바라보는 안정되고 익숙한 패턴이 있습니다. 정보처리 매뉴얼이라고 할 수 있겠죠. 이것을 그대로 따라 해도 문제는 없습니다. 세상을 이해하고 반응하는 것에도 문제는 없습니다. 그러나 다른 사람과는 다른 결과, 즉 더 창조적이고 더 멋진 결과를 내기에는 한계가 있습니다. 인류 역사에서 문명의 생산성을 높인 위대한 사례들은 모두 기존 지식을 재배치 · 재조직한 결과입니다. 아이작 뉴턴, 알베르트 아인슈타인, 토머스 에디슨, 조지 스티븐슨, 레오나르도 다 빈치. 이들은 모두 기존 지식을 재조직하는 데 능숙한 사람들이었습니다.

여기에 장난하기 좋아하는 친구 둘이 있습니다. 둘이 함께 삼성동에 있는 선릉을 산책하고 있는데, 갑자기 한 친구가—김 아무개라고 합시다—자기는 천리안이 있어서 선릉 안에 있는 나뭇잎이 모두 몇 장인지 알고 있다고 주장합니다. 그러고는 나뭇잎이 모두 1만 2,481장이라고 우깁니다. 당연히 거짓말이죠. 다른 친구는—이 친구는 박 아무개라고 합시다—어떻게 이 주장이 틀렸다는 것을 증명할 수 있을까요?

여러분도 한번 생각해보십시오. 어떻게 천리안이 있다는 친구의 주장이 틀렸다는 것을 증명할 수 있을까요? 이런 방법이 있습니다. 박 아무개가 김 아무개 몰래 나뭇잎 30장 정도를 떼어 오는 것입니다. 그러고는 이제 나뭇잎이 몇 장 남아 있는지 맞혀보라고 하면 됩니다. 김 아무개는 당연히 맞힐 수 없습니다. 둘은 다시 낄낄거리며 산책이나 하겠지요.

박 아무개가 김 아무개의 주장이 거짓임을 밝힐 수 있었던 것은 기존 지식을 재조직했기 때문입니다. 김 아무개의 말을 일단 수용한 후 그의 말을 이용하여 역으로 그를 공격한 것이죠. 이처럼 뭔가를 통찰하고자 할 때에는 항상 우리가 익히 알고 있는 지식이나 방법을 재조직해야 합니다. 이것이 통찰로 가는 효과적인 방법입니다.

이러한 재조직화를 위한 구체적인 방법으로 문제의 재해석, 새로운 만남, 개념의 이원화, 강점과 약점의 반전, 다른 사례에서 배우기 이렇게 5가지 기술이 있습니다. 이 부분에 대해서는 2부에서 자세하게 다루겠습니다.

+α 정보 1

정보처리의 편파성

본래 사람은 외부 정보를 대할 때 공정치 못하고 한쪽으로 치우치게 되어 있습니다. 모든 정보를 똑같이 처리하지 않고, 어떤 정보에 더 많은 주의를 기울이고 어떤 정보에는 아예 눈길조차 주지 않는 경향이 큽니다. 이것을 보통 선택적 정보처리라고 합니다.

그렇다면 이런 현상은 왜 일어날까요? 간단히 말하자면 조금만 노력해서 효과를 많이 거두려 하기 때문입니다. 눈에 보이는 물건에 대해서만이 아니라, 심리적 문제에도 이런 태도를 보입니다. 이것은 인지상정입니다만 바로 이런 경향 때문에 사람들은 정보를 처리할 때 끊임없이 편파적일 수밖에 없습니다. 그 이유를 좀 더 세분해서 대략 3가지 정도로 정리할 수 있습니다.

첫째, 사람은 자기 중심적인 경향이 큽니다. 남의 집에 큰 재난이 일어난 것보다 내 손톱 밑에 가시가 박힌 것을 더 아프게 느낍니다. 이런 성향을 자기 중심적 경향이라고 합니다. 그러니까 나와 관계없는 정보에 대해서는 아예 관심이 없게 됩니다.

둘째, 사람은 자기 고양적 경향이 있습니다. 자기 고양이란, 가능하면 자신을 좀 더 멋있는 쪽으로 해석하려 하는 것을 말합니다. 왜냐하면 자아관을 긍정적으로 유지해야 당당하게 세상과 소통하며 살 수 있기 때문입니다. 그래서 시험을 못 봐도 선생님이 이상한 문제를 냈기 때문이라고 생각하고, 금연에 실패해도 친구들 때문에 실패했다고 다른 핑계거리를 찾게 됩니다. 그래서 나쁘다는 것이 아니라 단지 사람들에게 그런 경향이 크다는 사실을 말하는 것입니다. 자기 자신을 사랑해야 하므로 자신에게 불리한 쪽으로 상황을 해석하지 않으려는 것이니까요.

셋째, 사람은 매우 보수적인 태도로 인지적 자원을 쓰려 합니다. 쉽게 말해서 머리 쓰는 것을 싫어한다는 얘기죠. 이것은 앞에서도 어느 정도 설명을 했습니다. 해당 정보를 처리해야 할 충분한 동기가 없으면, 간단하게 처리하려 들지 복잡하고 정교한 정보처리는 피하려 합니다.

이와 같은 3가지 경향은 내적 동기가 없을 때 많이 발생합니다. 내적 동기가 충분하다면, 가능하면 외부 정보를 실제에 가깝게 처리하려 하고 올바른 값을 찾아가게 됩니다. 이처럼 외부 정보를 충분히 해석하여 정보 상실이 거의 없는 정보처리 형태를 체계적 정보처리라 하고, 반면에 내적 동기가 없는 상태에서 설렁설렁 대충 하는 정보처리를 단서 중심적 정보처리라고 합니다.

문제를 분명하게 정의하기 위해 정확한 의도와 충분한 주의를 기울이려면 내적 동기가 반드시 따라와야 합니다. 통찰을 위해서는 체계적 정보처리를 해야 하며, 그것은 내적 동기가 있을 때 가능하기 때문입니다.

통찰의 7가지 기술

통찰은 성공 비즈니스의 핵심 노하우다

앞에서 저는 통찰에 대해 설명하면서, 소비자 결핍이란 관점으로 제품의 문제점을 풀어가야 한다고 말씀드렸습니다. 통찰이라는 보물은 단순하게는 개인의 자기계발이라는 분야에서도 빛을 내지만 비즈니스에서 그 가치가 가장 빛나기 때문입니다. 무형이든 유형이든 어떤 제품이나 상품이 만들어지고 소비자가 그것을 선택하는 과정에는 우리 삶의 다양한 모습들이 총체적이자 집약적으로 들어 있기 때문입니다.

2부에 모아놓은 사례들은 소비자의 마음을 사로잡는 데 성공한 마케팅들입니다. 제가 오랫동안 깊이 연구해보니 바로 그 핵심에 통찰이라는 놀라운 기술이 숨어 있었습니다. 다시 말해 통찰의 효과가 어김없이 드러난 것이지요.

소비자에게 사랑받는 제품들은 한결같이 그 제품이 존재하는 이유가 분명했습니다. 기업이 그 제품의 존재 이유를 분명하게 찾고 마케팅을 하느냐 그렇지 못하느냐에 성공과 실패가 달려 있습니다. 그런데 제품이 존재해야 하는 이유를 찾아내는 핵심 노하우가 바로 통찰입니다.

1부에서도 말씀드렸듯이 통찰이 발생하면, 소비자는 놀라게 됩니다. 놀라움과 함께 재해석이 시작되고, 이를 해소하기 위해 생각이 꼬리에 꼬리를 물게 됩니다. 그리고 넓어진 추론을 종합하여 기억이 통합되고 정보가 정교해져서 새롭게 저장됩니다. 이것이 통찰이 작동하는 원리고 그 효과입니다.

동상 이야기 하나 하겠습니다. 아르헨티나와 칠레는 서로 우의를 다지고 친선을 도모하기 위해 국경인 우스파야타 고개에 예수 동상을 하나 세우기로 했습니다. '안데스의 예수'라는 동상입니다. 좋은 뜻에서 시작된 일입니다.

하지만 일이 되어가는 과정에서 문제가 생겼습니다. 이런저런 형편을 따져서 설계를 하다 보니, 동상이 아르헨티나 쪽을 바라보도록 만들 수밖에 없게 된 것입니다. 당사자가 아닌 다른 나라 사람들에겐 아무런 문제가 아니겠지만, 예수 등만 보게 될 칠레 사람들에게는 기분 나쁜 일이었습니다. "예수님이 우리에게 등을 돌리고 있어야 하는가?" 칠레 사람들로서는 당연히 불만스러울 수 있었을 것입니다. 가깝게 지내자는 뜻에서 세우기로 한 동상이지만 오히려 그 때문에 두 나라 사이가 껄끄러워졌습니다.

그러다 어떤 사람이 이 문제를 해결했습니다. 그런데 놀랍게도 그 사람은 외교관이 아닌 신문 기자였습니다. 그는 기사를 이렇게 썼습니다. "예수님이 아르헨티나 쪽을 향하고 있는 것은 그 나라가 아직 더 많이 돌봐줘야 할 나라이기 때문이다." 생각해보니 맞는 얘기입니다. 다 큰 아이보다는 아직 덜 자란 아이한테 엄마의 주의와 관심이 더 필요하기 마련이다, 아르헨티나는 아직 덜 자란 아이나 다름없다, 이런 얘기였습니다. 이 기사를 본 칠레 사람들은 아리헨티나만 바라보는 예수를 새롭게 이해하고 더는 문제 삼지 않았다고 합니다. 그 기자는 이 문제를 참으로 통찰력 있게 푼 셈이죠.

어떻습니까? 같은 일도 다른 관점에서 보고 해석하니 전혀 새로운 결과를 낳지 않습니까? 모두 한쪽 방향만 바라볼 때, 전혀 다른 방향으로 내용을 해석해서, 이전에 없던 새로운 느낌을 전달하고 있습니다. 그래서 놀라움과 재해석, 그리고 추론이 발생하게 되는 것입니다. 바로 이것이 통찰의 효과입니다.

기억 구조를 연구하는 전문가들이 설명하는 바로는, 사람은 앞서 모아놓은 정보를 먼저 활용하려는 경향이 매우 크다고 합니다. 가능하면 이미 기억되어 있는 정보를 이용하여 외부 정보를 해석하려 한다는 얘기죠. 그런데 통찰적 관점을 만나게 되면, 기존 기억 정보만으로는 이처럼 수준 높은 정보를 해석할 수 없습니다. 그래서 새로운 내용으로 정보를 다시 해석하고 체계를 갖추게 되는데, 이때 정보를 처리하는 횟수와 양이 엄청나게 늘어나 이해도가 높아지게 됩니다. 때에 따라서는 새로운 기억 구조가 만들어지기도 합니다. 이런 과정을 거쳐 통찰적 정보가 기억 속에 안전하게 자리를 잡게 됩니다.

통찰이 가져오는 모든 아이디어는 처음엔 아무것도 아닌 그저 괴팍하거나 허황한 생각으로 치부될 때가 더 많습니다. 쇼펜하우어가 이런 말을 했습니다. "모든 진실은 세 단계를 거친다. 첫째, 비웃음. 둘째, 격렬한 반대. 셋째, 스스로 진실을 입증해서 사람들이 수용하는 단계."

물은 99도까지는 물이지만, 100도가 되면 기체가 됩니다. 반대로 1도까지는 액체지만 0도가 되면 고체가 됩니다. 무엇인가 완성하기 위해서는 마지막까지 땀 흘려 노력해야 합니다. 통찰적 사고로 접근하려다 보면, 주변에서 뭐라 그러는 사람이 수도 없이 나오기 마련입니다. 그렇지만 처음 몇 번 실수한 것에 주눅 들지 말고, 끝까지 최선을 다해 자신이 원하는 수준 높은 통찰을 이루어야 합니다. 그러기 위해서는 절대 포기하지 말아야 합니다.

이제부터 구체적 사례를 통해 통찰에 이르는 7가지 기술이 무엇인지 말씀드리겠습니다. 2년 이상 모은 자료에서 가려 뽑았기 때문에 대개는 매우 수준 높은 통찰을 보여주는 사례들입니다. 따라서 통찰적 사고를 익히는 데 무척 실질적인 도움이 될 것이라 믿습니다. 이 7가지 방법으로 통찰이 주는 선물을 마음껏 누릴 수 있는 즐거운 여행을 하시길 바랍니다.

어떤 문제와 결핍이 있는지 정확하게 찾아 해결하라

결핍의 발견이 통찰의 출발점이다

결핍은 무엇인가 부족한 상태를 말합니다. 사람은 이 결핍을 견디지 못합니다. 배가 고프면 먹어야 하고, 잠이 오면 자야 합니다. 애정이 결핍되면 사랑을 찾아 헤매게 되고, 비타민이 결핍되면 비타민을 찾게 됩니다. 사람은 기본적으로 균형 잡힌 상태를 원합니다. 그래서 무엇인가 결핍되면 반드시 이를 채우려 하게 됩니다.

그런데 결핍은 통찰에 이르게 하는 좋은 자극이자 기회이기도 합니다. 통찰에 이르는 가장 빠른 방법 가운데 하나가 바로 이 구체적인 문제가 불러일으키는 소비자 결핍을 찾고 해결해주는 것입니다. 그런데 재미있게도, 사람들은 자신이 무엇을 원하는지 스스로도 잘 모를 때가 많습니다. 바로 이 점 때문에 자신도 모르는 결핍을 새롭게 정의해주면 깜짝 놀라고, 재해석하고, 추론하고, 기억하게 됩니다. 지난 수천 년 동안 인류가 만들어온 통찰의 대부분은 바로 이 결핍을 찾고 해결하는 과정에서 탄생했습니다.

결핍이란 단지 부족한 상태가 아니라 '무엇인가 있어야 할 것이 없거나 부족한 상태' 입니다. 있어야 하는데 없다는 것입니다. 사람에게 꼭 있어야만 하는 것이 없다면 어떻게 될까요? 분명히 그 사람은 결핍된 것을 찾아, 그것이 충족될 때까지 모든 노력을 기울일 것입니다. 이쯤에서 결핍과 그 결과를 정리할 수 있을 듯합니다.

결핍의 정의 : 무엇인가 있어야 할 것이 없거나 부족한 상태

결핍 후 소비자 행동 : 결핍을 채우기 위해 모든 노력을 다한다.

결핍을 찾아 해결하는 것은 통찰에서 중요한 일입니다. 마케팅에서는 이런 결핍을 보통 '욕구' 라고 부릅니다. 기본적 욕구를 니즈needs 라고 하고, 문화적으로 발생한 욕구를 원츠wants 라고 합니다. 제가 말하는 결핍은 이 가운데 니즈에 해당합니다. 이 니즈 중에도 가장 밑바탕에 속하는 니즈가 결핍입니다. 굳이 니즈라는 단어가 있음에도 결핍이라는 단어를 쓰는 이유는 더 근본적인 필요를 표현하고 싶기 때문입니다. 사람에게는 있으면 좋은 니즈가 있고, 없으면 견디지 못하는 니즈가 있습니다. 이 가운데 없으면 견디지 못하는 니즈를 저는 결핍이라고 정의합니다. 결핍을 찾고 이를 해소하는 것은 세상의 주

목을 끄는 좋은 비책입니다. 그렇다면 몇 가지 예를 들어보겠습니다.

구글 **검색 결핍** 불필요한 정보에 시간을 뺏기고 싶지 않다

구글이 성공할 수 있었던 것은 참으로 의외입니다. 도대체 야후도 있고 알타비스타도 있는데, 어떻게 구글이 성공할 수 있었을까요? 구글이 어떻게 성공했는지 짚어보면 소비자 결핍을 찾아 이를 해결해 주었기 때문이라는 전형적인 결론에 이르게 됩니다.

한창 인터넷 사업이 뜨고 있을 때, 미국에서 검색 시장을 장악하고 있던 회사는 야후였습니다. 야후는 다른 검색엔진들과 마찬가지로 복합 포털 사이트를 지향했는데, 초창기에 나온 검색엔진을 이용해 서비스를 하고 있었습니다. 우리나라의 유명한 포털 사이트들이 벤치마킹한 대상이 바로 야후 모델이었습니다. 그런데 구글은 전혀 다른 길을 택했습니다.

구글이 어떻게 탄생했는지 잠깐 살펴보겠습니다. 1998년 세르게이 브린Sergey Brin과 래리 페이지Laray Page가 처음 만났을 때 두 사람은 스탠포드대학교 대학원생이었습니다. 두 사람은 검색엔진을 연구하다 더 많은 정보를 더 빠르게 검색할 수 있는 방법을 찾았습니다. 두 사람은 그 연구를 바탕으로 기존 검색엔진보다 기능이 월등한 새로운 검색엔진을 만들었습니다. 그 검색엔진은 거의 모든 웹사이트를 돌아다니며 신뢰성이 높은 자료를 찾아서, 그 중요도를 구분하여 화

미국 캘리포니아 마운틴뷰에 있는 구글 본사 로비

면에 보여주는 아주 특별한 장점을 가지고 있습니다.

저는 그 검색엔진의 구조가 어떤지 잘 모릅니다. 그러나 가장 믿을 만한 정보가 화면에 먼저 뜬다는 것은 알고 있습니다. 그리고 불필요한 정보는 최대한 줄이고, 사용자에게 적합한 정보만을 제공한다는 것도 알고 있습니다. 바로 이 점 때문에 스탠포드대학교를 중심으로 구글이 입소문을 타기 시작했습니다. 그 소문의 핵심은 '무엇이든 다 아는 구글' 이었습니다. 얼마나 좋은 평가를 받았으면 무엇이든 다 안다는 말이 나왔겠습니까? 2001년, 드디어 구글은 야후를 제치고 시장점유율 1위에 오릅니다. 가장 많은 소비자가 사용하는 검색엔진이 된 것입니다.

구글은 어떻게 성공할 수 있었을까요? 우선 기능이 뛰어났다는 점을 들 수 있습니다. 경쟁사들이 기술 개발보다는 마케팅에 집중할 때, 확실한 경쟁 우위점을 포착한 것입니다. 소비자들은 불필요한 정보를 클릭하면서 시간과 주의를 빼앗기는 데 문제점을 느끼고 있었고, 중요하고 신뢰도 높은 정보를 좀 더 빨리 찾을 수 있는 더 좋은 검색엔진에 대한 결핍이 있었는데, 바로 이 점을 구글이 채워준 것입니다.

결핍은 해결되지 않으면 시간이 지날수록 견디기 힘들어지며, 결핍을 해소하고 싶다는 욕구는 갈수록 커집니다. 검색엔진이 불편하다면 불만이 증가할 수밖에 없습니다. 이때 불만족스러운 부분을 해결하고 결핍을 채워주는 쪽이 나타난다면 당연히 그쪽으로 옮겨갈 수밖에 없는 것입니다. 이런 이유로 구글은 짧은 기간이었지만 시장 점유율 1위인 브랜드가 될 수 있었습니다. 뒤늦게 다른 검색 포털 사이트들도 구글의 기술을 빌려갈 정도가 되었습니다. 소비자 결핍을 제대로 잘 찾아낸 흥미로운 사례입니다.

발견 기존 검색엔진으로 검색하면 엉터리 자료가 많다.

대응 이것을 해결하기 위해 검색 기능이 월등한 구글을 만들었다.

결과 미국인들 사이에서 구글이 높은 인기를 누리게 되었다.

수세식 변기 **냄새 결핍** 고약한 냄새를 맡기 싫다

현대인의 생활에 매우 큰 변화를 가져온 제품 가운데 하나가 수세식 변기입니다. 재래식 변기와 비교해보면 그 쓸모를 대번에 느낄 수 있습니다. 무엇보다 편리하고 깨끗합니다.

그럼 수세식 변기는 어떤 결핍을 채우기 위해 만들어졌을까요? 처음으로 수세식 변기가 역사에 등장한 것은 4,000년 전이라고 합니다. 그렇지만 그것은 천연 변기였고, 지금과 비슷한 제품이 나온 것은 18세기 후반입니다.

이것을 만든 사람은 영국의 시계공 알렉산더 커밍스 Alexander Cummings입니다. 그때까지도 좌변기는 사실 여전히 불편했습니다. 재래식 변기에 좌변기를 얹어놓아 다리만 조금 편할 뿐이었지 별다를 게 없었습니다. 특히 사람들이 싫어했던 것은 냄새였다고 합니다. 나쁜 냄새를 맡지 않았으면 좋겠다는 결핍이 발생한 것입니다.

그 사실을 알아차린 알렉산더 커밍스는 그때까지와는 완전히 다른 생각으로 그 문제에 접근하였습니다. 좌변기에서 생기는 결핍은 나쁜 냄새 때문이었는데 어떻게 하면 그것을 해결할 수 있을까 고민했습니다. 그 결과 그는 물과 S자 형 파이프를 이용해 문제를 해결했습니다. 좌변기 바로 밑에 S자 모양인 파이프를 넣어 중간에 항상 물이 고여 있게 함으로써 냄새의 원인을 근본적으로 차단한 것입니다. 알렉산더 커밍스는 1775년 세계 최초로 특허를 따냈습니다.

이 형태는 요즘 쓰이는 수세식 변기의 원형이 되었는데, 물이 세척하고 나면 다시 깨끗한 물이 파이프 중간을 막고 있으니 청결과 냄새 문제를 한꺼번에 해결한 것입니다. 냄새 결핍을 해소하기 위한 노력이 인간의 생활을 또 한걸음 발전시킨 것이지요.

요약한다면 커밍스는 '위생과 냄새에 대한 사회적 결핍'을 발견하고, 이를 S자 모양 파이프로 해결하였습니다. 참으로 놀라운 발견과 해결법입니다. 시간이 지나면서 수세식 변기를 원하는 사람이 해가 다르게 증가하여, 요즘의 화장실 문화가 만들어졌습니다.

발견 사람들은 화장실 냄새를 싫어한다.

대응 이것을 해결하기 위해 S자 형 파이프를 만들었다.

결과 근대적인 화장실 문화가 만들어졌다.

비데 **위생 결핍** 휴지로는 불충분하다

수세식 변기 얘기가 나온 김에 화장실 문화와 관련된 얘기를 하나 더 하겠습니다. 화장실 문화는 최근 비데의 출현으로 또 다른 변화를 맞고 있습니다. 우리나라 비데 시장은 가파르게 성장하고 있습니다. 2000년께 시작된 비데 산업은 2006년 가정 보급률이 27퍼센트로 높아졌고, 2010년에는 40퍼센트에 육박할 것이라고 합니다.

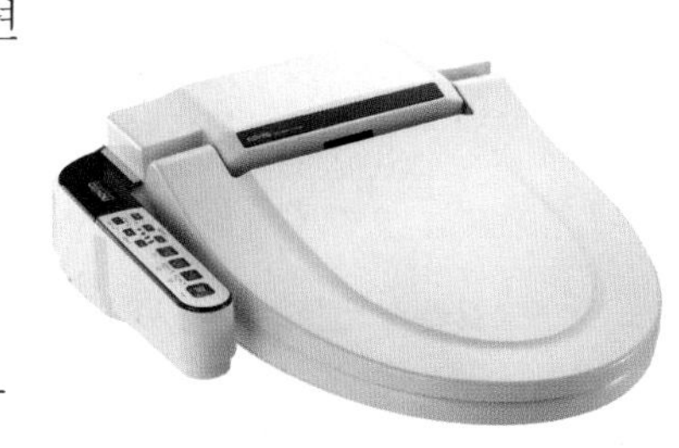

이렇듯 비데 산업이 성장하는 데 무

엇이 핵심으로 작용했을까요? 그것은 위생과 건강에 대한 결핍입니다. 처음에는 몸이 불편한 환자들이 비데를 찾았지만 곧 위생과 건강에 대한 결핍은 청결함을 원하는 모든 소비자에게 확장되고 있습니다. 깨끗해지고 싶다는 욕구와 휴지로는 불충분하다는 결핍이 비데라는 결과를 낳은 것입니다. 거기에다 비데를 사용함으로써 좀 더 높은 문화적 수준을 누린다는 충족감도 더해져 수세식 변기에 비데를 새롭게 갖추는 사람들이 많아지고 있습니다.

단순하게 생각하면 휴지로 해결하던 일을 이제는 물이 하게 되었습니다. 그 과정에 통찰이라는 놀라운 힘이 작용했으며 그에 따라 시장이 성장하고 대체 수요가 발생한 것입니다. 반면 휴지 관련 회사에는 상당한 타격이 되었겠죠.

쉽게 말해서 '위생과 건강에 대한 사회적 결핍'을 발견하고, 이를 비데로 해결한 것입니다. 역시 중요한 것은 무엇인가요? 우선 결핍을 발견하는 것입니다. 그런 다음에는 이것을 해결하기 위해 정확한 의도와 충분한 주의, 그리고 지식, 사례 연구가 필요합니다. 이들을 종합해서 살펴보면, 어느 순간 '유레카'라는 탄성을 지를 수 있게 됩니다.

발견 휴지는 사람에게 위생과 건강에 대한 결핍을 준다.

대응 이것을 해결하기 위해 물을 쓰는 비데가 출현했다.

결과 결핍을 채우기 위해 비데의 수요가 매우 크게 발생했다.

폴라로이드 카메라 **시간 결핍** 기다리기 싫다

사진을 찍는 즉시 인화되는 사진기, 그것이 폴라로이드 카메라입니다. 폴라로이드 카메라는 전체 카메라 시장에서 독특한 위치를 차지하는 제품인데, 기존 카메라와 경쟁한다기보다는 오히려 보완하는 관계에 있기 때문입니다. 그러니까 다른 카메라와 수요를 다투지 않고 독립적인 수요를 만들며 시장에서 독특한 위치를 지킨 제품입니다.

예를 들어 디지털 카메라를 사려고 할 때 소비자는 기능이나 화질, 디자인, 가격 등을 기준으로 여러 회사 제품을 비교하기 때문에 모든 디지털 카메라 회사가 그런 요소들을 놓고 경쟁을 합니다. 하지만 디지털 카메라를 사려는 사람이 폴라로이드 카메라와 디지털 카메라의 기능이나 가격을 비교하여 선택하지는 않습니다. 폴라로이드 카메라를 사려는 사람은 폴라로이드 카메라에만 있는 특징, 그러니까 바로 인화해서 볼 수 있는 특징을 기대하고 사기 때문입니다. 그야말로 폴라로이드 카메라는 고유한 시장을 형성하고 있는 셈입니다.

그렇다면 폴라로이드 카메라는 어떻게 만들어지게 되었을까요? 그것은 사진을 찍고 필름을 현상하고 인화하는 그 시간이 너무 길어 기다리기 싫다는 소비자 결핍이 발견되었기 때문입니다.

폴라로이드 사장 에드윈 랜드Edwin Land는 가족과 함께 뉴멕시코 산타페로 휴가를 떠났습니다. 그곳에서 망아지 사진을 찍었는데 딸이 그 사진을 빨리 보고 싶다고 계속 떼를 썼습니다. 왜 사진을 찍으면 바로 볼 수 없냐고 투정 부리기도 했습니다. 응석을 받아주던 에드윈 랜드 또한 문득 왜 사진을 보기 위해 기다려야 하는지 궁금해졌습니다. 그동안은 생각해보지 못한 일인데 곰곰이 따져보니 딸아이 말이 맞다는 생각이 들었던 것이죠.

'그러게, 왜 바로 뽑아서 볼 수 있는 카메라는 없는 거야?'

이 순간 에드윈 랜드는 사진 현상과 인화에 걸리는 시간에 소비자들이 상당한 결핍을 느끼고 있을 것이라는 사실을 알아차렸고, 이것을 해결하면 엄청난 수요가 발생할 것임을 직감하게 된 것입니다. 이것이 바로 폴라로이드 카메라가 탄생하는 순간이었습니다. 그리고 첫 즉석카메라를 1947년에 선보였습니다. 당시 대중은 폴라로이드 카메라에 엄청난 환호를 보냈고, 굉장한 수요가 일어나서 발매하자마자 품절될 정도였다고 합니다. 그 후 다른 회사에서도 즉석카메라를 내놓았지만 이미 폴라로이드는 즉석카메라를 이르는 대명사로 통할 만큼 시장을 쥐락펴락하고 있었습니다.

폴라로이드가 이렇게 짧은 시간 안에 성공할 수 있었던 이유는 무엇일까요? 그것은 사진을 찍고 현상과 인화를 하기 위해 현상소에 가고, 사진이 나올 때까지 기다려야 하는 소비자에게서 결핍이 있음을 발견하고, 이를 해소해줬기 때문입니다. 분명 겪고 있으면서도 미처 깨닫지 못하던 결핍을 발견하고 해소해주면, 소비자들은 놀라움과 함께 재해석, 추론, 그리고 기억 통합을 하게 됩니다. 그 결과 결핍을 해결해준 제품과 서비스를 사용하게 되는 것입니다.

발견 사진을 찍고 나서 바로 보고 싶다.

대응 이것을 해결하기 위해 즉석카메라를 만들었다.

결과 사진을 찍고 바로 현상하는 재미에 소비자들이 폭발적으로 즉석카메라를 구매했다.

게스 **희소성 결핍** 사이즈가 한정된 청바지를 입고 싶다

1990년을 전후로 해서 게스 청바지는 미국 20대 여성의 패션 아이콘이었습니다. 곧이어 우리나라에서도 여성들이 꿈꾸는 청바지가 되었습니다. 이처럼 게스가 미국을 비롯해 전 세계에서 동시에 유명해진 이유는 무엇이었을까요? 물론 게스 청바지가 몸매를 맵시 있게 살려주기도 했지만, 그렇게 수많은 여성들을 열광시킨 결정적 이유는 따로 있었습니다.

"우리 게스 청바지는 허리둘레 24인치 미만 여성분들만 입을 수 있습니다."

이것이 바로 게스가 세운 마케팅 전략이었습니다. 생산하는 청바지의 허리둘레를 24인치 미만으로 한정한 것, 다시 말해 24인치 이상

은 만들지 않았던 것입니다. 아주 간단하게 생각하면 고객층을 좁히는 마케팅이었는데 결과는 오히려 그 반대였습니다. 왜 그랬을까요? 생각해보세요. 만약 어떤 여성이 게스 로고가 붙어 있는 청바지를 입고 당당하게 거리를 걷고 있다면, 그 자체로 자기 허리둘레가 24인치 미만임을 만방에 알리는 것입니다. 이것을 바라보는 25인치나 26인치 여성은 어떤 마음이겠습니까? 어떻게 해서든 게스를 입을 수 있게 다이어트를 하든지, 하다못해 로고만 떼어서 자기 옷에 붙이든지 해야겠지요.

대개 가장 아름다운 여성의 허리둘레는 24인치라고 합니다. 허리둘레가 24인치 미만이고 싶은 여성들의 열망을 게스가 표현한 것입니다. 이 책의 관점에서 보자면 몸매가 늘씬하고 아름다운 여성이 되고 싶다는 결핍을 발견하고 그것을 마케팅에 접목한 것이지요.

그런데 어느 순간 게스의 명성이 약해졌습니다. 왜 그랬을까요? 게스를 입고 싶어하는 여성들이 너무 많다 보니 사이즈 한정을 풀어버렸습니다. 여성들의 열망이야 어떻든 현실은 24인치 미만인 여성보다 24인치 이상인 여성이 훨씬 많습니다. 수많은 여성들이 게스를 원하는데 어떻게 24인치 미만으로 한정해서 눈앞에 뻔히 보이는 수요를 놓칠 수 있겠습니까? 기업으로서는 뿌리치기 쉽지 않은 유혹이지요. 많이 팔고 싶은 욕심 때문에 게스는 사이즈를 다양하게 만들었고, 그 결과 게스에 대한 간단명료한 소비자 연상은 다소 희석되고 여성들의 열망도 잦아지게 되었습니다. 그러나 매출은 늘었겠지요.

여하튼 중요한 것은 초창기 게스의 전략입니다. 여성들의 욕망을 끄집어내어 24인치 미만으로 허리둘레를 한정하였고, 그 희소성 안에 들어가고 싶은 결핍을 자극하여 대단한 성공을 거두게 된 것입니다. 허리둘레가 다양해진 다음 인기는 주춤해졌지만 매출이 늘어난 것도 초기 전략 덕에 게스라는 브랜드 자체는 여전히 여성들에게 아름다움의 상징으로 인식되어 있기 때문입니다. 이처럼 결핍 해소는 우리가 상상하는 것보다 더 놀라운 결과를 낳곤 합니다.

발견 여성들은 허리둘레 24인치를 가장 동경한다.

대응 늘씬한 몸매에 대한 결핍을 자극하기 위해 게스는 허리둘레가 24인치 미만인 청바지만 만들었다.

결과 전 세계에 걸쳐 게스 열풍이 불었다.

휴대전화 **연결 결핍** 언제 어디서나 통화하고 싶다

1876년 2월 14일 알렉산더 그레이엄 벨Alexander Graham Bell이 세계 최초로 전화기를 발명했습니다. 전화는 우리 생활에 커다란 변화를 가져왔습니다. 질로 보나 양으로 보나 많은 부분에서 개선이 일어났습니다. 그러나 전화의 발명만큼, 아니 그보다 더 큰 영향을 끼친 것이 바로 휴대전화의 출현입니다. 이것을 만든 사람은 모토롤라의 마틴 쿠퍼Martin Cooper 박사였습니다.

그는 모든 사람들이 전화의 편리성에 그저 고마워하고 있을 때 문제점을 발견하고 그것을 해결해야겠다고 마음먹었습니다. 그 문제점이란 다름 아니라 바로 '유선'이라는 것이었습니다. 전화 자체는 엄청난 편리를 누리게 해주었지만 유선이라는 한계를 지니고 있다고 구체적으로 문제를 정의한 것입니다. 그것은 전화가 없는 곳에선 통화할 수 없기 때문에 장소에 국한받지 않고 언제 어디서나 통화하고 싶다는 결핍을 발견함으로써 가능한 일이었습니다. 그래서 쿠퍼 박사는 휴대전화기를 만들게 됩니다.

이 휴대전화기는 유선전화기가 나왔을 때보다 우리 생활에 더 큰 변화를 불러일으켰습니다. 예전과는 달리 특정 장소에 묶이지 않고 언제 어디서나 통화할 수 있게 된 것입니다. 그래서 세계 각국에서 휴대전화의 수요는 너무나 빠른 속도로 증가했습니다. 휴대전화는 그 자체로 커다란 결핍 해소였고 대단한 성공을 거둔 제품입니다.

하지만 이렇게 쓸모가 훌륭한데도 어떤 사람은 또 다른 결핍을 찾아내고 해소하기 위해 노력했습니다. 기존 휴대전화는 '너무 크다'는 것이 문제점이었습니다. 소비자들이 원하는 휴대전화는 주머니에 넣고 다닐 만큼 작은 것이었습니다.

새로운 결핍을 찾아낸 휴대전화 회사는 크기에 대한 결핍을 해소하기 위해 주머니에 넣고 다닐 만큼 작은 휴대전화를 만들어냈습니다. 그래서 다시 한 번 수요가 대단위로 발생하게 됩니다. 그 뒤 폴더 형태인 휴대전화가 나왔고, 다시 흑백 화면이 컬러 화면으로 바뀌었고, 카메라가 장착된 제품이 나왔습니다. 이제는 3세대 동영상 기반 휴대전화까지 등장했습니다. 이 모든 제품이 기존 제품의 결핍을 재상정하고 해소하는 과정에서 만들어진 것이며, 그것들은 또한 소비자들로 하여금 놀라움과 함께 재해석, 추론, 기억 통합을 이루게 했습니다.

제품의 성공은 소비자 결핍을 찾아내어 이를 해소하는 과정에 달려 있습니다. 그런데 더 중요한 것이 있습니다. 한 번으로 끝나는 게 아니라 계속해서 결핍을 해소해주어야 합니다. 한 번 성공하기도 힘들지만, 두 번 성공하기는 더 힘듭니다. 그러나 소비자들을 만족시키기 위해서는 끝없이 결핍을 찾고 해소해주어야 합니다. 바로 이 점 때문에 발명된 지 20여 년이 지났지만, 휴대전화 수요가 꾸준히 증가하고 있는 것입니다.

발견 전화기를 들고 다니면서 급할 때 통화하면 좋겠다.

대응 이 문제를 해결하기 위해 휴대전화를 만들었다.

결과 전 세계인에게 휴대전화가 필수품이 되었다.

선순환 소비자가 원하는 기능에 맞춰 새로운 제품이 출시됨으로써 휴대전화 수요가 끊이지 않는다.

넷플릭스 시간 결핍 디브이디를 간편하게 보고 싶다

넷플릭스는 미국의 대표적인 온라인 디브이디DVD 대여 회사입니다. 넷플릭스는 1998년 사업을 시작한 이후 놀라운 성장세를 보였습니다. 미국 전역에 네트워크를 구축하여, 2003년에 200만 명, 2007년 5월 현재는 670만 명을 고객으로 확보하고 있습니다. 도대체 어떤 장점이 있어서 이렇게 빠르게 성장할 수 있었을까요? 그것은 넷플릭스가 기존 서비스에 대해 고객들이 느낀 결핍을 정의하고 이를 해결하였기 때문입니다.

넷플릭스가 상정한 기존 제품의 문제점은 2가지가 핵심이었습니다. 첫째 요즘 고객은 너무 바빠서 오프라인 매장을 찾아가기 힘들다는 것이고, 둘째 반납할 때 조금만 늦어도 연체료를 내야 한다는 것입니다. 넷플릭스는 이 점을 깨끗하게 해소해주었습니다.

기존 대여 업체들이 서비스하는 절차를 한번 봅시다. 먼저 손님이 비디오를 빌리기 위해 우선 오프라인 매장을 방문해야 하고, 집에서 다 본 다음 다시 매장에 가서 반납해야 합니다. 넷플릭스는 이런 불편함 없이 22달러를 지불하면 고객이 인터넷으로 원하는 디브이디를 신청할 수 있고, 그 디브이디를 다 본 다음에 동봉된 반송용 봉투에 넣어 반환할 수 있게 했습니다. 이때 고객이 느끼는 장점은 많습니다. 매장을 찾아갈 필요도 없고 연체료도 없고 또한 22달러만 내면 무한정으로 그리고 대여 기간을 정하지 않고 디브이디를 감상할 수 있기 때문이죠.

넷플릭스는 짧은 시간 안에 미국에서 가장 큰 온라인 디브이디 대여 회사로 성장했습니다. 고객이 직접 매장에 가서 빌려오고 다시 가서 돌려주는 대신 우편으로 배달받고 다시 우편으로 돌려주도록 한 서비스. 언뜻 보기에는 작은 차이지만 그 불편함이 사라지는 순간 수요가 크게 증대될 수 있습니다. 소비자가 무엇을 원하는지, 어떤 결핍이 있는지 찾아내는 것이 이처럼 중요합니다.

발견 디브이디를 빌리러 매장을 찾아가기 힘들고 연체료가 짜증스럽다.

대응 이 문제를 해결하기 위해 온라인 디브이디 대여 회사인 넷플릭스가 설립되었다.

결과 넷플릭스는 짧은 시간 안에 높은 소비자 반응을 유도하여 사업에 성공하였다.

블랙삭스닷컴 **구색 결핍** 제때 구멍 나지 않은 양말을 준비해야 한다

스위스 회사인 블랙삭스닷컴은 특별한 사업을 하고 있습니다. 이 사이트는 오직, 디자인도 단순하고 색깔도 검은색뿐인 양말만 판매하고 있습니다. 게다가 소비자들은 잡지를 정기구독하듯 정기적으로 양말을 배달받습니다. 어떻게 이런 형태의 사업이 시작된 걸까요?

어느 날 블랙삭스닷컴의 창업자인 자미 리히티Samy Liechti가 일본 고객을 만나게 되었습니다. 회의가 끝나고 일본 전통 찻집에 갔는데, 그곳은 신발을 벗고 바닥에 앉는 찻집이었습니다. 그런데 안으로 들어가던 자미 리히티는 자신의 양말에 구멍이 난 것을 발견합니다. 이 무슨 창피인가요? 그는 차를 마시는 내내 구멍 난 양말만 생각했다고 합니다. 그러다 창피함과 불편함은 조금씩 뒷전으로 밀려나고 다른 생각이 들기 시작했습니다. 그는 틀림없이 자기처럼 검은색 양말을 미리 챙기지 못하고 중요한 자리에서 구멍 난 양말 때문에 당황스러워할 사람이 많을 것이라고 생각했습니다.

중요한 자리에서 구멍 난 양말을 드러내야 했던 경험 덕분에 그는 이 검은색 양말에 대한 소비자 결핍을 발견하고 검은색 양말을 정기적으로 배달해주는 사업을 준비하게 됩니다. 자미 리히티는 오직 검은색 양말만 정기구독 형태로 판매하는 웹사이트를 만들었고 이름을 블랙삭스닷컴으로 지었습니다. 이 웹사이트는 1999년에 문을 열어 크게 성공합니다. 블랙삭스닷컴의 슬로건은 '단순하게 해라Keep It Simple'인데, 그만큼 쉽고 간단한 비즈니스를 합니다. 오직 검은색 양

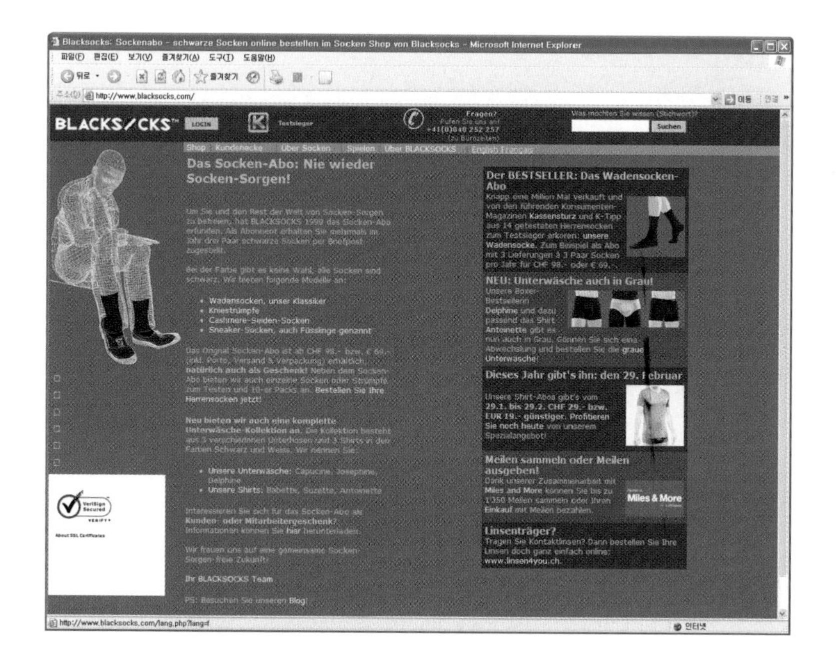

말만 3개월, 6개월, 12개월 단위로 배달 판매합니다. 현재 이 사이트는 스위스에서 안정적인 수입을 얻고 있습니다.

거의 모든 남성은 매일 검은색 양말을 신습니다. 디자인도 특별한 것을 고르지 않습니다. 단지 검은색 양말이 떨어지거나 구멍이 날 때가 문제입니다. 바로 이것만 막아주면 되는 것이죠. 구색이 빠지는 결핍을 채워주는 흥미 있는 통찰이 아닐 수 없습니다. 우리나라에서도 이런 서비스가 나오면 성공할까요? 물론 몇 가지 생각해봐야 할 문제들이 있을 것입니다. 여하튼 소비자 결핍을 발견하고 해소한 재미있는 사례입니다.

발견 남자들은 대부분 검은색 양말을 신지만 제때 준비하지 못할 때가 많다.

대응 검은색 양말을 정기적으로 배달하는 서비스를 제공했다.

결과 이 서비스는 짧은 시간 내에 높은 소비자 반응을 유도하였다.

!

김치 냉장고 **맛있는 김치 맛 결핍** 옛날처럼 맛있는 김치를 먹고 싶다

2000년을 전후해 한국에서 가장 성공한 가전제품이 김치 냉장고입니다. 비슷한 제품인 일반 냉장고보다 2~4배 이상 비싸게 팔리고 있으니, 가전제품 회사가 볼 때는 효자 노릇을 톡톡히 하고 있습니다. 김치 냉장고가 성공한 데는 한국인이 느끼고 있는 결핍을 해소하려는 통찰이 아주 중요한 구실을 했습니다.

한국인은 김치에 어떤 결핍을 느끼고 있을까요? 오래 전부터 우리나라 사람들은 겨울철 땅속에 묻어놓은 김장 김치 맛을 최고로 쳤습니다. 한겨울 아삭한 김치 맛은 그 무엇과도 견줄 수 없었기 때문입니다. 그런데 입은 예전에 먹던 김치 맛을 기억하고 있지만 아파트 중심으로 주거 문화가 바뀌면서 그 맛을 찾을 수 없게 되었습니다. 왜냐하면 겨울 동안 땅속에 묻어놓아야 김치가 맛있게 익어가는데, 아파트에는 김치를 묻을 땅이 없기 때문입니다.

다시 말해 예전 김치 맛을 재현하고 싶어도, 재현할 환경이 안 되어 있는 것입니다. 바로 이 점이 우리나라 사람들이 김치에 대해 느끼는 결핍이었습니다. 이 결핍을 해소하기 위해 다양한 시도가 이루어졌고 결국 위니아 딤채가 해결책을 찾아냈습니다.

딤채 연구팀은 땅속 김장 김치 맛을 재현하기 위해 총 70여 가지 기술을 개발했고, 대부분은 특허권까지 땄습니다. 그 중 핵심은 온도를 겨울철 땅속처럼 유지해주는 기술이었는데, 바로 이 기술 덕분에 김치를 딤채에 넣어두면 여섯 달이 지나도 아삭아삭 맛있는 김치 맛을 유지할 수 있습니다.

예전처럼 맛있는 김치를 먹고 싶다는 욕구는 한국인에게 아주 결정적인 결핍 요소였습니다. 딤채가 이 점을 말끔하게 해소해줌으로써 입소문이 빠르게 퍼졌습니다. 특별한 광고 없이도 제품 매출이 급격히 증가하게 된 것입니다.

발견 예전처럼 땅에 묻은 장독에서 김치를 꺼내 먹고 싶다.

대응 이 결핍을 해결하기 위해 김치 전용 냉장고를 만들었다.

결과 김치가 맛있게 익도록 하는 김치 전용 냉장고의 장점이 입소문을 타면서 수요가 폭발적으로 증가했다.

토즈 **장소 결핍** 만나서 편하게 얘기할 곳이 없다

사람들이 만나서 뭔가 하기 위해선 장소가 필요하고 다른 것들과 마찬가지로 장소도 진화하기 마련입니다. 최근 눈에 띄게 진화한 장소가 바로 이 모임 전문 공간 토즈입니다.

토즈는 강남, 신촌 등에 있는 모임 전문 공간입니다. 이곳이 탄생하게 된 배경에는 바로 함께 스터디할 수 있는 공간에 대한 결핍이 존재했습니다. 요즘에는 대학생, 직장인들 사이에 다양한 동아리들이 생겨나서 자기들끼리 학습, 세미나, 회의를 진행합니다. 그런데 같은 회사 사람이 아니라면 마땅히 갈 곳이 없습니다. 3, 4명이라면 카페에서 만날 수 있겠지만 7, 8명이 넘어가면 장소를 구하기가 쉽지 않습니다. 당연히 장소에 대한 결핍이 발생할 수밖에 없습니다. 바로 이 장소 결핍을 해소해주는 회사가 모임 전문 공간인 토즈입니다.

이 모임 전문 공간은 단지 여럿이 함께 모일 수 있는 장소만을 제공하는 것이 아니라 회의를 할 수 있게 여러 장비들도 구비해놓고, 회원과 손님을 열심히 유치하고 있습니다. 이곳은 많이 이용할수록 5~10% 정도 할인해주고, 근처에 있는 식당, 카페 같은 제휴사들을 이용할 때도 할인해주는 서비스까지 준비해두고 있습니다. 당연히 인터넷도 사용할 수 있습니다.

앞으로 시간이 지나면서 이런 스터디 공간이 더욱 필요해질 것이므로 모임 전문 공간을 찾는 사람들은 계속 늘어날 것입니다.

토즈보다 먼저 시작한 민들레영토는 친목 분위기가 더 강했다면,

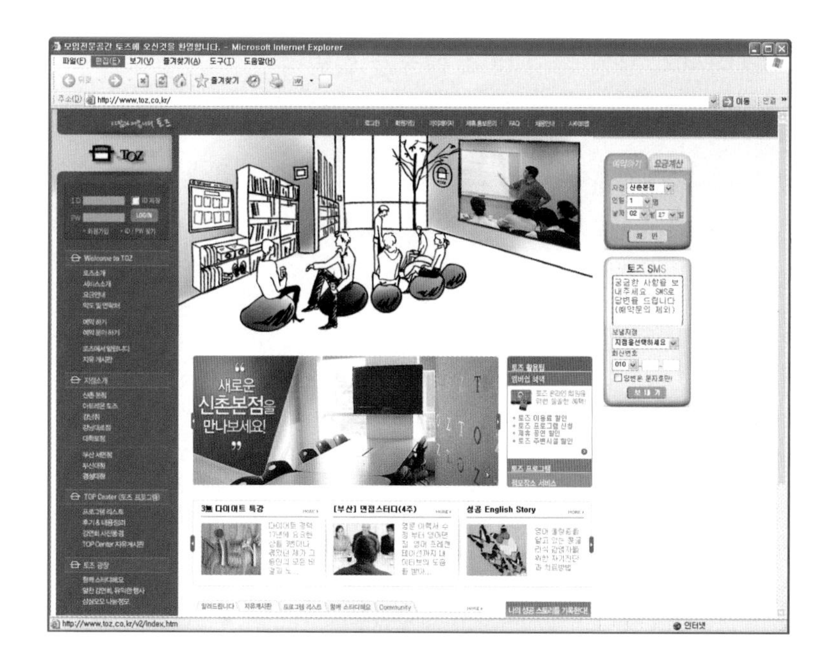

토즈는 상대적으로 강의실 특성이 강합니다. 그래서 세미나와 직장인 모임에 더 적합하다는 이미지를 굳혔습니다.

발견 사람들이 모여서 세미나할 적당한 장소가 없다.

대응 이 문제를 해결하기 위해 세미나 전문 공간을 만들었다.

결과 서울시 주요 거점에 세운 토즈는 언제나 사람들로 붐빈다.

소비자의 말을 듣지 말고 행동을 살피라

구슬이 서 말이라도 꿰어야 보배입니다. 결핍을 발견하는 것이 중요하다는 것은 이해하기 쉽지만, 남은 문제는 그 방법입니다. 어떻게 하면 결핍을 찾아낼 수 있을까요? 결핍을 발견하는 방법은 많지만 가장 중요한 것은 소비자의 말을 듣지 말고 소비자의 행동을 살피는 것입니다.

사람이 어떤 행동을 하기까지는 아주 짧지만 상당히 복잡한 절차를 거칩니다. 외부 정보에 대하여 주의를 기울이고, 이를 받아들이고, 다른 대상과 비교하고, 판단하고, 저장하고, 그것을 인출하여 행동합니다. 간단히 적었지만 사람이 행동하기 위해서는 이런 절차 가운데 5~7단계를 거치게 됩니다.

이때 가장 중요한 것은 무엇일까요? 바로 행동입니다. 7단계는 서로 밀접히 관련되어 있지만 때에 따라서는 각기 따로 진행되기도 합니다. A라는 대안을 좋아하지만, 실제 선택은 B로 할 때가 있습니다. 연애할 때 이런 사람 많죠? 신 아무개라는 여자를 더 좋아하지만, 실제로는 박 아무개라는 여자를 선택하는 남자들이 있습니다.

여하튼 이런 점 때문에 소비자를 분석할 때 가장 중요하게 여겨야 하는 정보가 바로 '소비자가 어떻게 행동하였느냐' 입니다. 그 사람이 어떻게 생각했건, 어떤 감정을 느끼건, 실제로 행동한 내용이 무엇인지를 아는 것이 더 중요합니다.

더군다나 재미있게도 사람은 자신의 의사를 스스로도 모를 때가 많습니다. 예를 들어보겠습니다. 저희 집 부엌에 보면 김치 냉장고가 있습니다. 벌써 5년 이상 된 제품입니다. 한번은 집사람에게 김치 냉장고를 쓰면서 뭐 불편한 건 없냐고 물어봤습니다. 특별히 불편한 점은 없다고 하더군요.

그런데 제가 집사람이 김치 냉장고를 어떻게 사용하는지 살펴보니, 대답과는 다르게 몇 가지 불편함이 있다는 것을 발견했습니다. 김치 냉장고를 사용하는 절차는 사람에 따라 다르겠지만, 대략 6가지 동작으로 나뉠 수 있습니다.

1. 뚜껑을 연다.
2. 김치통을 꺼낸다.
3. 김치통을 내려놓는다.
4. 뚜껑을 닫는다.
5. 김치통을 다시 든다
6. 부엌으로 가지고 간다.

여기에는 주부가 김치통을 들고 내려놓는 절차가 들어 있습니다. 더군다나 김치통은 2단으로 놓여 있으므로, 밑에 있는 김치통을 들기 위해서는 더욱 힘이 듭니다. 어떤 불편함이 있나요? 다른 말로 어떤 소비자 결핍이 있나요?

그 행동을 보면서 저는 '뚜껑이 좀 자동으로 열리고 닫히면 얼마나 좋을까?' 하는 생각이 절로 났습니다. 만약 자동 열림 단추가 있다면, 김치통을 들고 내려놓지 않아도 되니 힘이 약한 주부 입장에서는 훨씬 편해지는 게 당연한 이치일 것입니다.

다음에는 이런 생각을 해보았습니다. '밑에 있는 김치통이 자동으로 올라오게 하면 안 되나?' 생각이 난 김에 전문가에게 좀 더 알아봤더니, 아주 간단한 유압 장치만 달면 밑에 있는 김치통이 올라오게 하는 것은 일도 아니란 얘기를 들었습니다.

이 사례를 통해 알 수 있는 것은 소비자들의 말을 듣기보다는 행동을 보는 것이 문제와 결핍을 찾는 데 훨씬 유리하다는 것입니다. 저희 집사람은 김치 냉장고를 사용하면서 특별한 문제점을 느끼지 못했지만, 실제 행동에서는 불편함과 결핍이 나타났던 것입니다.

이번에는 다른 얘기 하나 해보겠습니다. 예전에 피앤지에서 세제 사용에 대한 소비자들의 불만과 태도를 조사한 적이 있었습니다. 그 조사에서 소비자들은 대부분 특별한 불만이 없다고 대답했습니다. 그런데 실제 주부들이 세제를 어떻게 쓰는지 살펴보니 세제를 구입한 후 드라이버나 송곳으로 세제 뚜껑을 열기 위해 애쓰고 있더라는 것입니다. 이 점을 관찰한 피앤지는 손쉽게 열고 닫을 수 있는 세제 용기를 새롭게 만들었습니다. 지금과 비슷한 포장을 만든 것이죠. 피앤지 세제를 쓰는 소비자들은 불편함을 직접 말하지 않았고 또 스스로 잘 인식하지도 못했지만, 그들의 행동은 은연중 불편함을 호소하고 있었던 것입니다.

제럴드 잘트먼Gerald Zaltman 하버드대학교 경영대학원 석좌교수가 조사한 바로는 소비자의 욕구 가운데 말로 표현되는 것은 겨우 5퍼센트 정도라고 합니다. 대부분은 자신이 느끼는 불만이나 욕구를 말로 표현하지 않는다고 합니다. 그렇다면 통찰적 사고를 하기 위해서 무엇을 해야 하는지 감이 오시나요? 우선 중요한 것이 소비자들이 제품을 어떻게 사용하는지 그 행동을 유심히 살펴봐야 한다는 점입니다. 그것에서 소비자들 자신도 인식하지 못하고 있는 불편함, 불만족 요인, 소비자 결핍을 찾아내야 합니다. 그리고 궁극적으로 이를 해결해주어야 합니다.

정리해보겠습니다. 소비자의 말만 들어서는 진짜 결핍을 찾기가 쉽지 않습니다. 자신의 불편함을 정확히 인지하지 못하는 사람도 많고, 또 알고 있다 하더라도 제대로 표현하지 못할 때가 많기 때문입니다. 대신에 소비자가 어떻게 행동하는지 보아야 합니다.

처음 소니가 워크맨을 기획한 뒤 주변 사람들에게 제품에 대해 의견을 물어보니 모두들 반대했다고 합니다. "누가 오디오를 들고 다니면서 듣겠습니까? 웃기는 얘깁니다." 그러나 소니는 그 사람들의 의견을 단지 참고만 하고 계획대로 워크맨을 만들었습니다. 그리고 워크맨은 세계적인 히트 상품이 되었습니다.

도대체 어떻게 된 일일까요? 소니는 이미 20세기 소비자들이 점점 더 크기가 작아 가지고 다니기 편한 제품을 좋아한다는 트렌드를 읽고 있었습니다. 통찰적 관점으로 트렌드를 보고 있었으며, 당연히 거기에 맞추어 제품을 생산한 것입니다. 소비자들의 말과 행동이 어긋날 때 소니는 말이 아니라 행동을 더 중시했습니다. 이 제품을 처음 본 소비자들은 어리둥절했습니다. 그러나 짧은 낯섦도 제품의 통찰적 장점 앞에서 꼬리를 내리기 마련이고 결국 대박을 친 것입니다.

정말 중요한 이야기라 다시 한 번 정리하겠습니다. 소비자가 어떻게 행동하는지 관찰하십시오. 이것이 소비자에게 결핍된 것이 무엇인지를 찾는 가장 쉽고 빠른 방법입니다.

연습하기 : 결핍의 발견과 해소

• 사람답게 살려면 기본적으로 필요한 세 가지 요소가 의식주라고 합니다. 이 세 범주에서 평소 불편하다고 생각한 점을 써보십시오. 기존에 사용하던 제품이나 서비스, 무엇에 대해서든 좋습니다.

문제점

의:

식:

주:

• 위에 적은 내용들은 중요한 문제입니까, 가벼운 문제입니까? 가벼운 문제는 제외하고 중요한 문제들에 대해서 어떤 결핍이 발생하는지 살펴보십시오.

결핍

의:

식:

주:

• 위에서 발견한 결핍을 어떻게 충족시킬 수 있을지 해결 방안을 생각해보십시오. 해결 방안을 찾는 것은 머리를 써서 생각해야 하는 작업입니다. 힘들겠지만 열심히 고민해보십시오.

해결 방안

의:

식:

주:

+α 정보 2

30명에게 확인해보라

중심극한정리(모집단에서 가져온 표본 평균값의 분포는 표본 수가 커질수록 평균값을 중심으로 하는 정규분포에 가까워진다는 정리)라는 게 있습니다. 대략 개체 수가 30개에 이르면 그들의 특성은 정규분포를 따르게 됩니다. 따라서 30명 정도의 의견과 반응만 차근차근 살펴봐도 거의 모든 결핍을 찾아내는 데 문제가 없습니다.

특히 우리나라는 동질성이 강한 나라입니다. 지역별로 트렌드가 크게 다르지 않고 비슷합니다. 미국이라면 인종도 다양하고 출신 국가도 다양하니까 세분 시장별로 다 따로따로 물어봐야겠지만, 한국은 그냥 커다란 세분 시장이라고 봐도 무방합니다. 그러니 30명에게만 물어보면 충분합니다. 30명에게만 제대로 물어보면 거의 99퍼센트 정답을 알아낼 수 있습니다.

집단심층면접(몇몇 응답자와 집중적으로 대화해서 정보를 찾아내는 소비자 면접조사)이라는 게 있습니다. 대략 8명을 기준으로 특정 사안에 대하여 깊이 있게 면접하는 것입니다. 이 집단심층면접을 하자면 30명은 대략 4그룹으로 나눌 수 있습니다. 집단심층면접으로 4그룹만 만나서 그들의 의견을 차근차근 들어보면, 중요한 결핍에 해당하는지 아닌지를 금방 알 수 있습니다.

이때 중요한 것은 충분히 공감할 수 있는 수준까지 물어봐야 한다는 점입니다. 그렇지 못하고 주변에서 빙빙 돌기만 하는 질문을 해서는 결핍을 찾아낼 수 없습니다. 응답자들과 하나가 되어 그들의 의견을 주의 깊게 들어보고, 또 그들의 행동을 차근차근 살펴보면 전에는 알지 못하던 결핍을 저절로 알게 될 것입니다.

그러니까 다시 한 번 정리하자면, 어떤 제품이나 서비스에 대한 소비자의 행동을 보고 결핍을 찾았다 하더라도 반드시 30명 정도에게 질문해서 그것이 진정한 결핍인지 아닌지 확인해야 합니다. 돌다리도 두들겨보고 건너라는 말이 있습니다. 반드시 30명을 만나 의견을 듣고 결핍으로 보이는 것의 확실한 증거를 갖춰야 합니다.

검색 순위가 높은 키워드는 결핍에 해당할 확률이 높다

요즘은 그야말로 인터넷 시대입니다. 각종 시상식에서도 인터넷은 그 위력을 발휘합니다. 스타를 만들기도 하고, 죽이기도 합니다. 그만큼 역동성이 큰 도구입니다. 특정 연령층을 제외하곤 인터넷을 하지 않는 사람이 거의 없을 정도입니다. 할애하는 시간의 양은 다르더라도 말입니다.

이처럼 많은 사람들이 사용하니 인터넷에는 날마다 키워드 수백만 개가 입력됩니다. 그럼 사람들은 어떤 키워드를 검색할까요? 우선 생각해볼 수 있는 것은 자기 자신과 관련된 것들입니다.

다이어트, 건강, 입시, 교육, 취업, 성형, 돈, 재테크, 여행, 연애…….

이런 키워드들에는 결핍이 내장돼 있습니다. 이런 키워드 주변에 아직 발견되지 않는 결핍이 있을 확률이 높습니다. 그러니 검색 순위가 높은 키워드를 잘 살펴보는 것도 결핍을 찾는 좋은 방법입니다.

건강한 의도를 갖고 충분한 주의를 기울이라

나의 의도로 세상을 움직일 수 있다

21세기에 들어온 지 벌써 8년째입니다. 워낙에 경쟁도 심하고, 정보 교류가 빠른 시대라 무언가 유행을 타기 시작하면, 들불 번지듯이 삽시간에 퍼져 나갑니다. 그 가운데 하나가 자기계발 관련 서적들인데, 최근 이런 자기계발 서적에서 큰 흐름을 차지하고 있는 것이 '신념과 긍정적 사고'에 대한 책들입니다. 주요 서점 종합 1위를 차지하는 책들도 모두 긍정적 사고가 인생에 미치는 영향을 다루고 있습니다.

맞습니다. 무엇보다 중요한 것은 사람의 신념입니다. 스스로 믿고 확신하면 일이 잘 풀리기 마련입니다. 저 역시 수많은 사례를 통해,

신념의 효과를 직간접으로 경험하고 있습니다.

하늘은 스스로 돕는 자를 돕는다고 합니다. 이 말에는 사람의 의도가 중요하다는 뜻이 숨어 있습니다. 《연금술사》를 쓴 파울로 코엘류 Paulo Coelho도 진실로 원하면 온 우주가 도와준다고 했습니다. 이 말 또한 사람의 의도가 중요하다는 뜻입니다. 대개 성공하는 사람은 좋은 쪽으로 생각하고 어떻게 성공할지만 생각하기 마련이고, 실패하는 사람은 나쁜 쪽으로 생각하고 실패할 수밖에 없는 이유에만 관심 있기 마련입니다. 결과는 출발부터 정해져 있다고 해도 과언이 아닙니다. 스스로 원하는 대로 이루어지는 것이 세상 이치니까요.

의도가 중요한 또 다른 이유는, 그 의도의 질과 양에 따라 뒤따르는 주의가 달라지기 때문입니다. 의도가 건강하고 진심이면 당연히 건강하고 진심 어린 주의가 발생합니다. 그리고 건강하고 진정한 주의를 기울이면 이루지 못할 일은 없습니다.

통찰 역시 긍정적인 의도를 가지고 충분한 주의를 기울여야만 체득할 수 있습니다. 그리고 통찰력을 가져야 세상과 자신을 성공적으로 바꿀 수 있습니다. 생각보다 많은 이들이 좋지 않은 쪽으로만 세상을 봅니다.

"나는 해도 안 돼. 지금까지 되는 게 없었어. 뒤로 넘어져도 코가 깨진다니까……." 주변을 살펴보십시오. 이렇게 부정적으로 생각하는 사람이 무척 많습니다.

그렇지만 이런 상태에서 조금 나아지면 원하는 것이 많아집니다. '나는 실패하고 싶지 않아.' '장사가 잘되면 좋겠다.' 이렇게 마음속으로 원하는 수준이 높아지게 됩니다. 얼핏 보면 긍정적인 관점인 듯 보입니다만 잘 살펴보면 이런 관점도 계속해서 '원하고 있는 상태'를 표현하고 있을 뿐입니다. '잘되면 좋겠어'라는 의도는 계속해서 그 수준에만 머물게 됩니다.

그렇다면 왜 사람들이 이렇게 원하는 상태에 머물기만 할까요? 그것은 두려움 때문입니다. 무엇인가 두려움을 느끼면 다가가지 못하고 멀찌감치 떨어져서 그 대상을 그저 마음속으로만 원하며 바라보게 됩니다. 마치 짝사랑을 하는 것과 같습니다. 그러니까 짝사랑하지 마십시오. 짝사랑 증상에서 벗어나야 합니다. '짝사랑 증상'이란, 어떤 대상에 다가가지 못하고 단지 원하기만 해서, 결국 목표를 이루지 못하는 현상을 말합니다.

이런 상태에서 한발 더 나아가야 충분한 의도와 주의를 싣는 단계로 갑니다. 이 단계에 오면, '나는 잘되고 싶어'라는 말 대신에, '나는 잘된다'라고 선언하게 됩니다.

"나는 잘되고 싶어!" vs. "나는 잘된다!"

에너지의 차이를 느낄 수 있지 않습니까? 이 둘이 어떻게 다른지 느낄 수 있다면, 여러분은 건강하고도 충분한 의도와 주의를 활용할 수 있게 되는 것입니다. 바로 이 점이 세상을 내가 바라는 대로 진행시킬 수 있는 비법입니다. 왜냐하면 충분한 의도와 주의가 통찰로 이어지고 통찰이 곧 세상과 내 미래를 긍정적으로 바꾸기 때문입니다.

조금 거창한 얘기였나요? 물론 실천하기는 쉽지 않지만 거창한 얘기는 아닙니다. 통찰은 그 본질처럼 간단명료한 것입니다. 통찰을 위해서는 제일 먼저 문제의 핵심과 결핍을 정확히 정의해야 하고, 그러고 나면 충분한 의도와 주의가 필요합니다. 그래야 문제를 해결할 수 있는 방법을 찾게 됩니다. 이때 갖추어야 할 태도는 무엇일까요? '이 문제를 해결하고 싶어' '이 결핍을 채워주고 싶어'가 아니라, '이 문제를 해결한다' '이 결핍을 채워준다'는 태도가 필요합니다. 그렇게 되면 문제는 해결됩니다. 건강하고 긍정적인 의도를 갖고 충분한 주의만 기울여도 해결되는 문제가 대부분입니다.

그런데 이상하게도 이것은 아주 중요한 진리지만 그렇지 않다고 생각하는 사람이 더 많습니다. 충분한 의도와 주의만으로도 통찰이 발생하고, 드라마처럼 문제가 해결된 사례를 들어보겠습니다.

누가 주전자 뚜껑에 구멍을 냈을까

후쿠이에라는 일본 사람이 있었습니다. 어느 날 후쿠이에가 과로에 지쳐 누워 있을 때의 일입니다. 몹시 피곤하고 지칠 대로 지친 상태니 자연히 잠이 들었습니다. 그런데 뭔가 달그락거리는 소리에 잠을 제대로 잘 수가 없었습니다. 그 소리는 수증기가 주전자 뚜껑을 밀려올려 나는 소리였습니다. 후쿠이에는 주전자를 내려놓을까, 다시 찬물을 부을까 여러 가지로 생각했지만, 뾰족한 수가 나오지 않았습니다.

주전자를 내려놓자니 방 안이 너무 건조해질 뿐만 아니라 차를 마실 수 없고, 찬물을 더 붓자니 곧 같은 상황이 될 게 뻔했습니다. 하지만 후쿠이에는 그 소리를 정말이지 그만 듣고 싶었습니다. 충분한 의도를 가지게 된 것이지요.

잠시 피곤함도 잊고 후쿠이에는 달그락거리며 끓고 있는 주전자를 뚫어지게 쳐다보았습니다. 주의를 기울인 것입니다. 그러던 어느 순간, 그는 해결 방법을 찾았습니다. 주전자 뚜껑이 달그락거리는 것은 수증기가 나가려고 하는데 나갈 구멍이 없기 때문이란 사실을 알아낸 것입니다. 그래서 후쿠이에는 주전자 뚜껑에 구멍을 하나 내었습니다. 순간 여태까지 소음을 만들어내던 주전자 뚜껑은 조용해졌고, 수증기가 자연스럽게 빠져나오게 되었습니다. 소리만 조용해진 것이 아니라 습도 조절까지 잘되는 효과를 거두었습니다. 일거양득인 셈이었죠.

어떻게 하면 주전자 뚜껑이 소리를 내지 않게 만들 수 있는지 비밀을 발견한 후쿠이에는 모든 주전자 뚜껑에 구멍을 내야겠다고 생각하고, 특허청을 찾아 실용신안을 획득했습니다. 그렇게 간단한 방법으로 후쿠이에는 결정적 문제를 해결하였고, 더불어 돈도 많이 벌 수 있었습니다.

후쿠이에가 한 일은 무엇일까요? 의도를 갖고 충분한 주의를 기울인 것입니다. 그것만으로도 거의 모든 문제가 해결될 수 있습니다.

십자나사못을 생각해낸 필립스의 통찰

우리 주변에서 흔히 볼 수 있는 십자나사못 또한 충분한 의도와 주의를 통해 얻은 훌륭한 통찰의 산물입니다.

미국에 있는 어느 작은 도시에 헨리 필립스Henry Phillips라는 사람이 전파상에서 일하고 있었습니다. 주로 망가진 라디오나 전자 제품을 수리하는 일을 했는데 손재주가 뛰어나 못 고치는 제품이 없었습니다.

그런데 필립스에게도 한 가지 어려움이 있었는데 그것은 일자(−)로 된 나사못을 빼는 것이었습니다. 어떤 나사는 쉽게 빠지지만 어떤 나사는 홈이 망가져 빼기가 어려웠습니다. 망치로 드라이버를 톡톡 치면서 돌리면 대개는 빠지지만 그렇게 해도 잘 안 되어 라디오 전체를 못 쓰게 될 때도 많았습니다.

그래서 필립스는 항상 일자나사못을 어떻게 하면 뺄 수 있을지 고민하고 또 고민했습니다. 전자 제품 수리공이었던 그로서는 당연하면서도 절실한 의도가 생긴 것입니다. 그러던 어느 날 머릿속에 전구가 켜지듯 새로운 생각이 떠올랐습니다. 일자인 홈에 세로로 홈을 하나 더 내어 십자(+) 모양으로 만들면 힘을 더 많이 받을 수 있다는 생각이 든 것입니다.

"맞아, 홈 위에 십자로 홈을 하나 더 내면 일이 쉬워질 거야."

십자나사못은 드라이버가 주는 힘을 더 잘 받을 뿐 아니라 덜 닳게 될 것은 당연한 이치입니다. 그때부터 필립스는 일자나사못에 홈을 하나 더 파 십자나사못을 만들어 쓰기 시작했습니다. 그뿐이 아니었습니다. 한걸음 더 나아가 드라이버도 십자드라이버로 만들어 사용하기 시작했습니다.

필립스는 이 발명품을 전 세계에 특허출원하였고 자기 이름을 그대로 딴 '필립스' 라는 나사 공장을 세워 십자나사못과 드라이버를 생산, 판매하고 있습니다.

이 사례는 정말 간단하지만, 놀라운 문제 해결력을 보여줍니다. 일자나사못과 십자나사못의 차이를 발견해낸 것인데, 어떻게 이것이 가능했을까요? 문제를 해결하고야 말겠다는 충분한 의도와 주의가 있었기 때문입니다. 통찰이 만들어낸 놀라운 결과들입니다.

어머니가 만든 주름 빨대

모든 신제품은 기존 제품이 지닌 문제점을 해결하면서 탄생합니다. 이 이야기는 '통찰의 기술 1' 에서도 다룬 바 있지만, 여기에서는 정확한 의도와 충분한 주의라는 관점으로 살펴보고자 합니다.

오래 전 일본에서 있었던 일입니다. 일본 사람들은 섬세해서 작은 문제점을 잘 찾아내고 이를 해결한 제품을 많이 내놓습니다. 주름 빨대도 그 가운데 하나입니다.

일본에 사는 어떤 여자가 병원에 입원한 외아들을 간호하면서 겪은 일입니다. 어느 날 그 여자는 아들에게 우유를 먹이려 했습니다. 그런데 환자인 아들이 우유를 마시려면 윗몸을 일으켜 세워야 했는데 그게 쉽지 않았습니다. 그래서 그 여자는 이런 생각을 하게 되었습니다.

'그냥 누워서 우유를 마실 순 없을까? 그러면 참 좋을 것 같은데…….'

그때부터 이 부분에 집중하여 고민한 그 여자는, 마침내 빨대 중간 부분에 주름을 만들어 넣으면, 환자가 일어나지 않고도 우유를 마실 수 있지 않을까 하는 생각을 하게 되었습니다. 이미 주름이 잡힌 호스가 물이나 석유를 배달하는 곳에서 많이 쓰이고 있었기 때문에 기술적인 면은 별로 어렵지 않았습니다. 그래서 음료수를 마시는 빨대에 주름을 넣었고, 그 결과 지금 우리가 알고 있는 주름 빨대가 탄생한 것입니다.

이것은 어떻게 만들어졌을까요? 역시 충분한 의도와 주의를 기울였기 때문입니다. 어려운 문제라고 해도 대부분은 해결해야겠다는 충분한 의도만으로 풀릴 때가 많습니다. 방법을 찾겠다는 신념과 함께 충분한 의도, 그리고 주의를 갖고 해결하려 들면 되는 것입니다.

주부였기에 더 잘 안다

우리나라에서는 쓰레기를 분리해 내놓는 것이 시민의 의무입니다. 도시화가 되면 될수록 쓰레기 문제가 심각해지는지라, 정부에서는 쓰레기 분리수거에 힘을 쏟을 수밖에 없습니다. 그래서 우리도 재활

용품과 일반 쓰레기, 음식물 쓰레기를 따로 버리고 있습니다. 종량제 봉투에 쓰레기를 버리고, 분리수거를 하는 것도 이제는 꽤 익숙해졌습니다. 하지만 음식물 쓰레기 버리는 일만은 여전히 괴로운 일 가운데 하나입니다.

음식물 쓰레기와 일반 쓰레기를 분리해서 내놓는 '음식물류 폐기물 직매립 금지제도'가 시행된 것은 2005년입니다. 그 뒤로는 지정된 음식물 쓰레기봉투에 음식물 쓰레기만 따로 모아서 버려야 합니다. 사람들은 이제 음식물 쓰레기봉투가 찰 때까지 기다려야 하고, 이 때문에 여러 가지 괴로운 일들이 생기고 있었습니다. 그 과정이 얼마나 불편하고 괴로운지 음식물 쓰레기를 버려본 사람은 다들 알고 있습니다.

누구든 이 괴롭고 불편한 일로부터 해방되고 싶어합니다. 다시 말해 음식물 쓰레기와 관련해서 엄청난 동기가 숨어 있는 것입니다. 이 문제를 풀겠다고 뛰어든 한 여성이 있었습니다. 그 주인공이 바로 루펜리를 세운 이희자 사장입니다. 이희자 사장은 그 전까지는 집에서 살림만 하던 주부였기에 음식물 쓰레기 때문에 생기는 불편함을 누구보다 잘 알고 있었습니다.

그래서 이 사장은 최대한 주의를 기울여 해결책을 내기 위한 시도를 하였고 그 결과는 놀랄 만한 것이었습니다. 이 사장은 2003년 국내 최초로 음식물 쓰레기 건조 처리기 루펜을 내놓았습니다. 루펜은 음식 쓰레기를 섭씨 150도에 이르는 뜨거운 바람으로 말려 냄새를 없애고, 남아 있는 냄새도 바깥으로 빠지지 않게 설계되어 있습니다.

루펜리는 2007년 연매출 500억 원을 달성하고 일본, 싱가포르, 미국, 캐나다에 진출했으며 중동으로도 진출할 계획이라고 합니다.

이 제품은 어떻게 만들어졌나요? 역시 통찰의 기술이 발휘된 것입니다. 통찰의 기술이 발휘될 수 있었던 것은 무엇 때문일까요? 바로 필요성을 충분히 느끼고 충분한 의도와 주의를 기울였기 때문입니다. 해결하고 싶다는 의지가 강할수록 해결을 위한 주의 역시 깊어지고, 거기에다 해내고 말겠다는 신념이 보태진다면 세상에 해결하지 못할 일은 없습니다. 더 창조적인 제품이나 아이디어들이 나오게 되어 있습니다.

음식물 쓰레기 처리기의 미래는 밝습니다. 우리나라 사람들의 먹을거리 문화가 어떤지 핵심을 잘 잡아냈기 때문에 꾸준히 새로운 제품을 개발한다면 승승장구할 수 있을 것입니다.

주의를 기울여야 하는 이유를 명확히 하라

통찰은 온갖 문제를 해결함으로써 세상을 바꿉니다. 우리가 기대하고 원하는 모습과 상황으로 우리 자신을 변화시키고 나아가 세상을 변화시키는 힘, 그것이 바로 통찰입니다. 수많은 책에서 개인과 기업의 성공을 위해 강조하는 다양한 전략은 결국 통찰을 다르게 해석한 것들이거나 통찰이 밑바탕이 되어야 가능한 것들입니다. 통찰의 기술들을 꾸준히 연습하고 몸에 익히면, 그리하여 남보다 통찰력이 강해지면 기업이건 개인이건 성공할 수밖에 없습니다.

이 장의 앞부분에서 밝혔듯이 통찰의 기술에는 7가지가 있습니다. 그런데 이 7가지 기술들은 서로 인과관계가 있으며 교집합을 이루기도 합니다. 따라서 상황에 따라 7가지 기술 가운데 한두 가지로도 통찰이 힘을 발휘하기도 하고 더 많은 기술이 필요할 수도 있습니다.

특히 통찰의 기술 1과 2, '어떤 문제와 결핍이 있는지 정확하게 찾아 해결하라'와 '건강한 의도를 갖고 주의를 기울이라', 이 두 가지 기술은 통찰의 가장 중요하고 기본적인 요소입니다.

그런데 충분한 주의를 기울이기 위해서 먼저 이루어져야 할 것이 있습니다. 바로 주의를 기울여야 하는 이유가 명확해야 한다는 것입니다. 앞에서도 말씀드렸듯이 의도가 어떠냐에 따라 그 결과는 달라집니다. 건강하고 긍정적인 의도를 갖기 위해서는 해결하거나 변화시키고자 하는 내용이 꼭 필요한 이유를 분명히 해야 합니다.

저는 이미 제가 쓴 다른 책(이용찬 선생과 공저한 《삼성과 싸워 이기는 전략》)에서 브랜드의 중요성을 강조하면서 '존재의 이유'를 얘기했습니다. 비슷한 맥락이라 할 수 있습니다. 마케팅과 경쟁 전략을 잘 수행하기 위해서는 브랜드의 존재 이유가 분명해야 하듯이, 통찰의 힘을 발휘하기 위해서는 문제를 해결해야 하는 이유, 즉 의도를 가지고 주의를 기울여야 하는 이유가 분명해야 합니다.

앞에서 살펴본 것처럼, 사례를 들어 말한다면, 물이 끓더라도 달그락거리는 소리가 나지 않게 하고 싶다는 동기가 분명했기 때문에 후쿠이에는 뚜껑에 구멍을 뚫을 수 있었습니다. 일자나사못을 더 수월하게 빼고 싶다는 분명한 이유가 있었기 때문에 일자 홈에 세로로 홈을 하나 더 낸 십자나사못이 탄생한 것입니다. 주름 빨대와 음식물 쓰레기 처리기 역시 마찬가지입니다. 반드시 주의를 기울여 개선해야 할 이유가 분명했기 때문에 통찰은 기적을 이룰 수 있었던 것입니다. 의도와 충분한 주의를 기울여야 하는 이유가 분명하면 분명할수록 통찰력은 강해집니다.

문제를 재해석하라

재조직은 재해석에서 시작된다

1부에서 통찰의 3단계에 대해 이야기했고 2부에서는 통찰의 기술에 대해 이야기하고 있습니다. 사실상 통찰의 첫째 기술은 통찰의 첫 단계와, 둘째 기술은 둘째 단계와 관련 있습니다. 지금부터는 통찰의 셋째 단계인 '가용 지식을 재조직하기'에 필요한 5가지 기술을 배우게 될 것입니다. 그 5가지 기술은 '문제를 재해석하기' '새로운 개념을 만나게 하기' '세상을 두 가지 개념으로 나누기' '약점을 강점으로 만들기' '다른 분야에서 성공한 사례를 보고 배우기' 입니다. 이들은 앞의 2가지 기술보다 더욱 구체적이며 실질적인 성격을 띤다고 하겠습니다.

그럼 먼저 재해석에 대해 얘기하겠습니다. 통찰이 일어나는 가장 놀라운 순간이 바로 문제를 재해석하는 순간입니다. 사람들은 대부분 자기가 생각하는 것과 전혀 다른 해석을 듣게 되면 처음에는 깜짝 놀랍니다. 그렇지만 그 새로운 해석이 이치에 훨씬 잘 맞으면 감동하기 마련이고 나중에는 설득되기까지 합니다. 그래서 통찰을 얻는 가장 중요한 방법이 바로 문제의 핵심을 정확하고 새롭게 해석하는 것에서 시작됩니다.

그런데 다른 사람들과 다른 해석을 하는 것, 즉 고정관념에서 벗어나 새로운 관점으로 보는 것은 매우 어려운 일입니다. 사람들은 자신이 생각하는 것보다 훨씬 더 고정관념에 따라 살아갑니다. 머리 쓰지 않고 힘들이지 않고 살고 싶기 때문이죠. 이미 널리 자리 잡힌 고정관념을 따르면 인지적 자원이 덜 들기 때문에 더 편합니다. 그러나 고정관념을 벗어나야 새로운 관점으로 문제를 재해석할 수 있고 그래야 통찰력이 생깁니다.

고정관념에 대한 새로운 해석은 놀라운 결과를 만들어냅니다. 여러분이 해결해야 할 문제가 왜 존재하는지 그 핵심을 알아차릴 수 있으며 동시에 해결 방법을 찾을 수 있습니다. 어떤 문제에 봉착했을 때에는 그 문제에 대한 고정관념을 먼저 살펴보십시오. 하지만 거기서 멈추면 안 됩니다. 그 고정관념을 전혀 새로운 관점으로 다시 해석해야 합니다.

예를 들어보겠습니다. 미국 샌디에이고에 있는 엘 코르테즈 호텔을 높이 증축할 때였습니다. 증축한 층에 올라갈 엘리베이터 공사를

해야 했는데 그러기 위해서는 각 층마다 방을 하나씩 헐어버리고 엘리베이터 통로를 내야 할 상황이었습니다. 그런데 그렇게 하자니 객실이 줄어들어 호텔 경영진은 난감하기 짝이 없었습니다. 전문가들이 다 모여 어떻게 해야 할지 고민했지만 해답은 나오지 않았습니다. 그러던 어느 날 지나가던 한 인부가 이렇게 중얼거렸습니다.

"뭘 그리 고민하지? 왜 엘리베이터를 건물 밖에 만들려고 하지 않지? 그럼 방을 없애거나 그럴 필요 없잖아."

1956년 이렇게 해서 멋진 항구를 바라볼 수 있는 옥외 전망용 엘리베이터가 세계 최초로 탄생했습니다. 참 재미있지 않습니까? 엘리베이터는 건물 안에만 설치해야 한다고 법으로 정한 것도 아니고 건물 외부에 만드는 것이 불가능한 공법도 아닌데 모두들 생각을 못하고 있었던 것입니다.

'엘리베이터는 건물 안에 있어야 한다'는 고정관념에서 벗어나 건물 밖에 엘리베이터를 설치함으로써 더 좋은 결과를 가져왔습니다. 통찰이 문제를 멋지게 해결한 사례입니다.

이처럼 고정관념을 재해석하고 새로운 해석이 이치에 맞을 때 사람들의 반응은 매우 달라집니다. 문제의 핵심을 정확히 해석하자면 정보를 처리하는 횟수와 양이 늘고 그에 따라 관심도 높아지기 때문입니다.

이번에는 천연두 얘기를 하겠습니다. 천연두는 과거에 치료법이 없었기 때문에 매우 무서운 전염병 중 하나였습니다. 수많은 의학자들이 천연두 치료를 위해 골머리를 앓고 있을 때, 전혀 다른 관점으로 문제를 재해석한 사람이 있었습니다. 바로 영국 사람 에드워드 제너Edward Jenner였습니다. 제너는 다른 의사들과는 관점이 달랐습니다. '천연두를 치료하기 어렵다면 예방하면 되지 않겠는가?' 그래서 천연두 치료법 대신 예방법을 연구하여 천연두 백신을 만들었습니다. 이것으로 세상은 천연두의 공포에서 벗어나게 되었습니다. 얼마나 재미있습니까? 그리고 얼마나 멋진 성공입니까? 모든 의사들이 치료를 위해 고민하고 있을 때, 예방이라는 관점으로 문제를 바라본 것입니다. 이 역시 놀라운 관점 변화입니다.

문제의 재해석을 얘기할 때 우리가 꼭 알고 있어야 할 것이 또 있습니다. 문제의 재해석이 제대로 이루어졌는지 아닌지를 파악하기 위한 공식이 있다는 사실입니다. 그것은 "A인 줄 알았는데, 알고 보니 B였구나"입니다. "A인 줄 알았는데 가만히 생각해보니 B가 더 타당하네"라는 반응이 나오면, 문제의 재해석, 즉 새로운 해석이 제대로 이루어진 것입니다.

문제 재해석의 공식 : "A인 줄 알았는데, 알고 보니 B이다."

이것을 영어로 표현하면 다음과 같습니다.

"Not A, But B."

이 공식에 정확히 맞으면 통찰이 이루어진 것입니다. 이제부터 재해석으로 문제를 해결한 사례들을 살펴보겠습니다.

야마하의 재해석

소비자는 좋은 피아노를 원하는 게 아니라, 좋은 연주를 원한다

1980년대 중반, 전 세계 피아노 시장은 이미 포화 상태였습니다. 동서양 모두 피아노 시장은 성숙 단계에 들어가 신규 판매는 제자리에 머물렀고 대체 구매 역시 더딘 형편이었습니다. 그럼에도 피아노 회사는 계속해서 늘어나 경쟁이 치열해졌고 서로 손해를 보는 형편이었습니다. 바로 이 시점에 전혀 새로운 돌파구를 연 회사가 있었는데 그것은 야마하였습니다.

야마하는 이미 피아노 회사로 전 세계에 이름을 날리고 있었는데, 판매가 늘지 않자 새로운 관점으로 문제를 보기 시작했습니다. 문제의 핵심을 다시 정의하기 시작한 것입니다. 야마하는 소비자들을 조사한

결과, 당연하지만 매우 흥미로운 사실을 발견했습니다. 그것은 야마하 피아노를 산 사람들이 처음 피아노를 샀을 때만 잠깐 칠 뿐 그 뒤로는 거의 치지 않는다는 것이었습니다. 야마하는 이 사실을 놓고 다양한 해석을 시도했습니다. 소비자들은 왜 비싼 피아노를 사놓고, 10년 동안 겨우 몇 번밖에 치지 않을까요? 고민 끝에 마침내 다음과 같은 통찰에 이르게 되었습니다. 피아노는 좋은 악기지만 일반인은 연주하기에 쉽지 않고 재미없어한다는 것이었습니다.

그래서 야마하는 세계 최초로 피아노에 전자 칩을 달아 다양한 음원을 내장한 디지털 피아노를 개발하게 되었습니다. 디지털 피아노는 기존 클래식 피아노에 견줘 값도 쌀 뿐 아니라, 리듬, 멜로디, 음원을 원하는 대로 바꿀 수 있어 일반인도 훨씬 편하고 재미있게 연주할 수 있었습니다.

그 결과 피아노 시장은 클래식 피아노와 디지털 피아노 시장으로 크게 나뉘었습니다. 피아노라는 큰 카테고리는 같지만 수요층이 다르기 때문에 같은 시장을 놓고 치열한 경쟁을 벌이지 않아도 됐습니다. 야마하는 클래식 피아노 시장에서도 그 지위를 그대로 유지하면서, 디지털 피아노 시장에서는 개척자로서 열매를 그대로 얻을 수 있었습니다. 지금도 야마하는 디지털 피아노 시장에서 절대 강자로 군림하고 있습니다.

이 사례에서 우리는 어떤 교훈을 얻을 수 있을까요? 바로 '문제를 재정의할 때 생기는 힘' 입니다. 문제를 재정의한다는 것은 새로운 관점으로 바라본다는 것을 뜻합니다. 어떤 문제나 상황을 새로운 관점으로 바라볼 때, 우리는 놀라움을 경험하게 됩니다. 이런 놀라움은 정보를 증가시키고, 재해석하게 하며, 추론을 증가시켜, 기존의 정보들과 통합하게 합니다. 이렇게 되면 기억은 더 정교해지기 마련이고 브랜드를 만들기도 쉬워집니다.

이때 중요한 것은 이전 기억 체계를 뒤집어버리는 일입니다. 누구나 자명하게 인지하고 있던 사실을 전혀 새로운 관점으로 해석함으로써 놀라움이 유발되고 결국에는 정교한 기억 체계를 갖추는 일이 가능해집니다. 그래서 문제를 재해석하는 것이 중요합니다.

캐논의 재해석

소비자들은 좋은 카메라를 원하는 게 아니라, 사진을 잘 찍고 싶어한다

지금도 마찬가지지만, 1980년대 초반 전 세계 전문가용 카메라 시장은 니콘과 캐논 두 회사가 분할하고 있었습니다. 그때는 니콘이 더 우세했는데 언론사 사진기자들이 대부분 니콘 수동식 카메라를 사용하였기 때문입니다. 니콘의 명성을 좀처럼 넘지 못하고 있던 캐논은 이 문제를 해결하기 위해 다양한 관점에서 고민하기 시작합니다.

문제 해결을 위해 전 세계 수만 명에 이르는 카메라 사용자들을 대상으로 조사하였는데, 여기에서 '당연하지만 의미

있는 사실'을 발견하게 되었습니다. 그것은 아마추어 카메라 사용자들이 대부분 사진을 잘 못 찍는다는 것입니다. 당시에 주로 쓰이던 카메라는 초점과 빛의 양을 사용자들이 스스로 정해서 찍어야 했는데, 이것이 쉽지 않아 10장을 찍으면 제대로 찍힌 사진이 한두 장에 지나지 않는다는 사실을 발견하게 되었습니다. 이것은 아주 중요한 발견입니다. 왜냐하면 소비자들이 비싼 값을 주고 전문가용 카메라를 구매하는 이유는 사진을 잘 찍기 위해서인데, 대부분은 원하는 바를 얻지 못하고 있다는 뜻이기 때문입니다. 이 발견에서 캐논은 다음과 같은 통찰을 얻게 됩니다.

소비자들이 진정으로 원하는 것은 좋은 사진이지 좋은 카메라가 아닙니다. 좋은 카메라를 산 것은 사진을 잘 찍기 위해서인데 조작하는 방법이 너무 복잡해서 일반인이 사용하기 어렵다면, 아무짝에도 쓸모없는 것입니다. 그래서 캐논은 카메라에 전자동 칩을 내장하여 거리만 조절하면 빛의 양과 초점을 카메라가 알아서 처리해주는 자동카메라를 만들게 되었습니다.

이렇게 수동카메라보다 뛰어난 자동카메라가 탄생하게 되었고, 1990년대를 넘기면서 자동카메라 시장은 수동카메라 시장을 넘어섰습니다. 이제는 카메라 시장을 니콘과 캐논이 비슷하게 양분하고 있습니다.

이 사례에서도 우리는 문제를 재정의할 때 생기는 힘이 얼마나 센지 교훈을 얻을 수 있습니다. 뿐만 아니라 재해석의 공식 또한 적용됩니다. "A인 줄 알았는데, 알고 보니 B였구나"라는 반응이 나오게 되면, 이미 효과는 충분하다고 할 수 있습니다. 이런 반응은 웬만한 자극 수준에서 나오는 것이 아닙니다. 충분한 놀라움과 감동, 정보처리의 빈도 증가에 따라 발생하는 높은 수준의 인지 반응이 일어난 상태입니다.

이와 같은 예를 정리하자면 무척이나 많습니다. 마케팅학은 사례를 연구하는 학문입니다. 가능하면 많은 사례를 알고 있는 것이 좋습니다. 문제를 재해석함으로써 실질적으로 기업 매출에 변화를 가져온 다른 사례들을 더 살펴보겠습니다.

아이손의 재해석

가벼운 운동화가 아니라, 무거운 운동화가 건강에 좋다

1980년을 넘어서면서, 운동화 시장은 고기능성 운동화 쪽으로 옮겨갔습니다. 에어로빅용 운동화를 판매하기 시작한 리복에서 이런 움직임이 시작되었고, 1980년대 후반 농구화로 돌풍을 일으킨 나이키가 그 정점이라 할 수 있습니다. 그 뒤 운동화 시장은 가볍고 기능이 좋은 고기능화를 중심으로 움직였습니다. 그래서 마라톤 운동화는 한 짝에 300~400그램으로까지 가벼워졌습니다. 그렇게 가볍고 기능이 좋은 운동화 시장은 나이키를 비롯해서 리복, 아디다스, 미즈노와 같은 글로벌 브랜드들이 과점하게 되었습니다.

이 과정에서 우리나라 운동화 제조업체들은 점차 쇠락하는 운명에

처해 있었습니다. 그러나 부산에 있는 아이손이라는 브랜드는 그런 흐름에 꺾이지 않고 전혀 새로운 제품을 내놓았습니다. 아이손은 최근 사회적 트렌드로 건강 열풍이 있다는 사실에 주목했습니다. 건강 열풍의 첫 단계는 다이어트에서 시작됐는데, 새로운 돌파구를 찾고 있던 아이손은 많은 사람들이 다이어트에 매우 관심이 높지만 정작 운동은 별로 하지 않는다는 점을 발견했습니다. 이와 함께 운동선수들이 모래주머니를 종아리에 차고 다니는 모습에서 착안해 신제품을 내놓게 되었습니다.

그것은 운동화를 무겁게 하여 다이어트 효과를 높이는 것이었습니다. 이 운동화는 한 짝이 1.1~1.4킬로그램입니다. 실제로 이 신발을 신고 30분 동안 걸으면 40분 동안 등산이나 축구를 한 것과 같은 효과를 얻을 수 있다고 합니다. 수백 번 검사하고 보완해 만든 이 신발은 다이어트와 건강에 관심이 많은 직장인과 여성층의 결핍을 제대로 충족시켜주어, 2004년 출시 이후 해마다 두 배 이상씩 매출이 늘고 있습니다.

일상생활에서 따로 시간을 내어 운동할 여유가 없는 사람들이 대부분입니다. 그냥 걷는 것만으로도 운동한 것과 같은 효과를 낼 수 있다면 소비자들이 얼마나 좋아하겠습니까? 바로 이 점을 아이손이 통찰해낸 것입니다. 문제를 재해석해낸 좋은 사례입니다.

혼다의 재해석

혼다는 오토바이를 만드는 회사가 아니라, 작고 성능이 뛰어난 엔진을 만드는 회사다

혼다는 원래 오토바이를 만드는 회사였습니다. 미국에 처음 수출한 제품도 오토바이였습니다. 그런데 오토바이를 만들던 혼다가 어느 날 자동차를 만들기 시작했고 크게 성공합니다. 재미있는 사태가 벌어진 것입니다. 생각해보십시오. 오토바이를 만드는 회사가 자동차를 만든다면 소비자들이 어떻게 받아들일지 말입니다. 만약 우리나라 오토바이 전문 회사가 승용차를 만든다면 어떤 반응이 나올까요? 그리 좋지는 않을 것입니다. 소비자들은 대부분 이렇게 반응할 것입니다.

"아니, 오토바이나 잘 만들지 무슨 놈의 자동차야?"

그러나 혼다는 자기 자신에 대하여 전혀 다른 해석을 시도했습니다. 그것은 혼다가 오토바이를 만드는 회사가 아니라, 작고 성능이 뛰어난 엔진을 만드는 회사라는 것입니다. 오토바이를 만드는 회사와 작고 성능 좋은 엔진을 만드는 회사는 그 가치가 다릅니다. 자신을 오토바이 만드는 회사로 정의하게 되면, 아무리 열심히 해도 오토바이 안에서 맴돌게 됩니다. 그러나 작고 효율적인 엔진을 만드는 회사로 정의하면 사업 영역을 훨씬 넓게 확장할 수 있습니다.

혼다의 경쟁력은 통찰의 관점에서 새롭게 해석되었습니다. 참으로 멋진 재해석이 아닐 수 없습니다. 지금도 오토바이 분야에서는 혼다가 1등 브랜드입니다. 그러나 혼다는 여기에 머물지 않고 승용차 시장에 진입했고 지금은 세계 5대 자동차 메이커 가운데 하나가 되었습니다.

혼다는 여기에서 그치지 않고 끊임없이 영역을 확장해 나가고 있습니다. 혼다는 작고 뛰어난 엔진이 필요한 잔디 깎기 기계를 출시하여 성공을 거두었고 보트, 스노모빌 등으로 확장했으며 최근에는 비행기 사업으로까지 진출했습니다. 모두 작고 성능 좋은 엔진이 적합한 시장으로 진출하여 성공을 거둔 것입니다.

빅토리녹스의 재해석

우리는 칼을 만드는 회사가 아니라, 스위스 육군이 쓰는 장비를 만드는 회사다

예를 들어 우리나라에 칼을 잘 만드는 회사가 있다고 칩시다. 이 회사가 손목시계를 만들겠다고 하면 소비자들은 어떤 반응을 보일까요? 아마 이런 반응이 나올 것입니다.

"칼 만드는 회사가 손목시계라니? 장식용 손목시계를 만들 셈이야? 그냥 칼이나 잘 만들지……."

만약 칼을 잘 만드는 그 회사가 이번에는 아웃도

어 패션을 만든다면 어떤 반응이 나올까요? 역시 손목시계 때와 비슷한 반응, 즉 부정적 반응이 주류를 이룰 것입니다.

그런데 세계에서 칼 잘 만들기로 소문난 회사 가운데 하나인 빅토리녹스는 이 모든 일을 해냈습니다. 빅토리녹스는 원래 칼을 만드는 회사였습니다. 한국에서는 맥가이버 칼로 유명한 회사지요. 품목당 평균 20달러의 제품으로 세계 최고 수준의 성과를 거두는 전통 있는 회사입니다. 그런데 빅토리녹스는 어느 순간 새로운 관점을 제시했습니다.

"우리는 칼을 만드는 회사가 아니라, 스위스 육군이 쓰는 장비를 만드는 회사다."

이와 같이 자신에 대한 재해석을 하고 나니, 스위스 육군에 필요한 모든 제품으로 사업 영역을 확장하는 것이 가능해졌습니다. 그래서 나온 제품이 스위스 아미 손목시계입니다. 스위스 아미 손목시계는 최소 200달러가 넘습니다. 맥가이버 칼보다 10배나 비싼 제품이죠. 모든 국제공항 면세점에 가면, 태그호이어와 당당히 어깨를 나란히 하고 있습니다. 이 빅토리녹스가 이제는 사업 영역을 더욱 확장하여, 아웃도어 캐주얼 룩에도 진출했습니다. 더 나아가 여행용 가방, 나침반, 선글라스까지 스위스 육군이라는 개념이 닿는 곳은 모두 진출하고 있습니다.

무엇이 이것을 가능하게 했을까요? 바로 대상에 대한 재해석입니다. 이것인 줄 알았는데 알고 보니 저것이었네! 이렇게 새로운 관점으로 재해석하면 추론이 늘어나고 반전이 이루어져 기억이 강화되고 소비자들의 호감이 늘게 됩니다.

롱거버거의 재해석

이것은 바구니가 아니라 건물이다

건물에 대한 일반적 통념이 있습니다. 기둥이 있고 창문이 있고 콘크리트 외벽이 있어야 한다는 것이죠. 그러나 전혀 새로운 관점으로 건물을 해석한 사례들이 있습니다. 그 중 대표적인 것으로 미국 오하이오 주에 있는 바구니 회사 롱거버거 사옥을 들 수 있습니다. 위쪽의 사진을 보면 '웬 바구니?' 라는 질문이 절로 나옵니다. 그러나 이것은 어엿한 건물이고, 바구니 회사 롱거버거의 본사 사옥입니다.

이 회사를 창업한 사람이 데이비드 롱거버거David Longaberger인데, 그는 롱거버거를 바구니 하나로 10억 달러 이상 매출을 기록하는 회사로 성장시켰습니다. 이는 놀라운 성과입니다. 미국인에게 바구니는 우리의 보자기와 비슷합니다. 무엇이든 담아서 들고 다닐 수 있는 중요한 도구죠. 미국 영화를 보면 소풍 갈 때 이런 바구니를 들고 다니는 장면이 나올 것입니다. 롱거버거는 기계가 아닌 손으로 바구니를 만들고 통신판매 형태로 판매하여 미국에서 가장 큰 바구니 회사로 성장했습니다.

롱거버거가 본사 사옥을 짓기 위해 처음 고려한 것은 지금과 같은 모습이 아니었습니다. 다른 기업과 마찬가지로 대도시에 큰 건물을 지으려고 했답니다. 그러나 데이비드는 자신이 생산하는 바구니 모양을 본떠 건물을 짓게 했습니다. 그것도 시골에다가 말이죠. 다들 고개를 갸웃거리게 했던 이 건물로 롱거버거는 더욱 주목받게 됩니다. 이 건물 덕에 시골 마을은 관광객을 유치할 수 있었고 더불어 롱거버거는 상당한 홍보 효과를 거두었습니다.

우리 주변에 있는 건물은 온통 네모뿐입니다. "이것은 바구니가 아니라 건물입니다." 참으로 재미있는 통찰입니다. 만약 삼성전자 사옥이 애니콜을 닮고, 한국타이어 사옥이 타이어 모양이라면 우리 눈이 즐거워지고 그 회사들은 상당한 홍보 효과를 누릴 수 있지 않을까요? 우리도 데이비드 롱거버거와 같이 사물을 재해석할 수 있는 통찰을 준비해야 할 때입니다.

스리엠의 재해석

붙는 것이 중요한 게 아니라, 떨어지는 것이 중요하다

사람들은 흔히 풀은 잘 붙어야 한다고 생각합니다. 잘 붙어야 풀로서 의미가 있고, 떨어지면 자격 미달인 것입니다. 그런데 이렇게 평범한 생각을 완전히 뒤집은 제품이 있습니다. 그것은 바로 스리엠3M이 내놓은 포스트잇입니다. 스리엠의 연구원인 스펜서 실버Spencer Silver는 1968년 전혀 새로운 접착제를 만들게 됩니다. 처음에는 강력한 접착제를 만들려고 했지만, 우연히 접착력이 약한 제품을 만들게 된 것입니다. 어찌 보면 실패한 셈이죠.

보통 이럴 때는 어떻게들 하나요? 원하던 제품이 아니라 실패한 제품을 만들게 되면 대부분은 실망하고 폐기 처분하기 마련입니다. 그런데 스펜서 실버는 친구의 도움으로 전혀 다른 생각을 하게 됩니다. 같은 연구소에 다니는 아트 프라이Art Fry라는 친구였습니다. 아트 프라이는 성가대원이었는데, 노래를 찾아 뒤적이는 게 매우 불편했습니다. 그러다 스펜서가 만든 접착력이 약한 풀이라면, 붙이기도 쉽고 떼기도 쉬운 새로운 제품을 만들 수 있을 것이라는 생각이 들었습니다. 꾸준히 연구하고 투자해 이들은 지금과 같은 포스트잇을 만들어내었고, 크게 성공하게 됩니다. 지금도 전 세계 사무실 어느 곳이든지 포스트잇이 없는 곳이 없습니다. 물론 가정에서도 사용하고 있습니다.

무엇이 이런 놀라운 통찰을 만들어내었을까요? 사람들은 흔히 붙이는 게 중요하다고 생각합니다. 그런데 이들은 붙이는 게 중요하기는 하지만 떨어지는 것이 더 필요할 수도 있다는 사실을 발견한 것입니다. 재해석이 이루어진 전형적인 순간입니다.

큐래드의 재해석

숨기는 것보다 드러내는 것이 더 좋다

대일밴드라는 제품이 있습니다. 우리나라 사람이라면 누구나 상처가 났을 때 써보았을 반창고입니다. 이런 제품은 미국에도 있는데, 그것은 존슨앤존슨의 밴드에이드입니다. 밴드에이드가 대일밴드보다 먼저 나온 제품입니다.

이 제품은 사람의 피부색과 비슷한 색을 띠고 있습니다. 상처 난 것이 겉으로 드러나면 누가 봐도 좋지 않을 테니, 가능하면 표나지 않게 하려는 것입니다. 특히 여성들은 상처 난 것을 감추려는 경향이 강합니다. 다시 말해 밴드에이드에는 상처는 드러나지 않는 게 좋다는 통념이 담겨 있는 것이죠.

그렇지만 이런 통념에 전혀 다른 관점을 내세운 브랜드가 있는데 그것이 큐래드입니다. 큐래드는 감추려 하지 않고, 과감히 겉으로 드러내는 시도를 합니다.

큐래드는 반창고에 캐릭터를 입혀놓았습니다. 실제로 많이 다치고 그래서 일회용 반창고를 붙이는 사람은 대개 어린이들입니다. 어린이들은 무엇을 좋아하나요? 어린이들은 만화영화 주인공을 무척 좋아합니다. 큐래드는 그런 어린이들을 위해 어떤 제품에는 슈렉을 그려넣고, 어떤 제품에는 슈퍼맨을, 또 어떤 제품에는 스파이더맨을 그려넣었습니다. 아이들 반응이 어땠을까요? 이 제품은 선풍적인 인기몰이를 했습니다. 큐래드는 계속해서 1995년에는 캐스퍼를, 1998년에는 스타워즈와 스쿠비두를, 1999년에는 포켓몬을 그려넣은 반창고를 내놓아 크게 성공했습니다.

이들의 재해석은 놀랍습니다. 감추는 것이 중요한 게 아니라 드러내놓는 것도 중요할 수 있다고 새롭게 해석한 점이 얼마나 큰 변화를 일으켜왔는지 생각해볼 일입니다.

티보 칼만의 재해석

우산은 비만 피하는 게 아니라, 맑은 하늘을 볼 수 있는 도구다

우산은 보통 비를 피하는 도구로 사용됩니다. 그래서 방수 기능과

사용 편리성, 내구성이 중요한 제품이죠. 그런데 뉴욕 현대미술관은 하늘 우산Sky Umbrella이라는 독특한 우산을 소장하고 있습니다. 이 제품은 사진에서 보는 바와 같이 우산 안쪽에 맑은 하늘을 그려넣었습니다. 사진만 봐도 무엇인지 바로 이해할 수 있습니다.

이 우산은 티보 칼만Tibor Kalman이란 사람이 만든 것입니다. 티보 칼만은 어떤 관점으로 우산을 재해석한 것일까요? 우산은 비만 피하는 도구가 아니라, 맑은 하늘을 볼 수 있는 나만의 공간이라는 것입니다. 비가 오는 날에도 맑은 하늘을 볼 수 있는 특권을 누릴 수 있게 하는 것이 바로 이 우산인 셈이죠.

겉으로는 평범한 우산과 다름없지만, 정작 우산 안쪽에는 파란 하늘과 뭉게구름이 그려져 있어 우리는 예상하지 못한 풍경을 만나게 됩니다. 이 그림을 보는 순간 어떤 느낌이 드나요? 어떻게 이런 생각을 하게 되었을까 하는 느낌이 절로 듭니다. 이 순간, 우산은 단지 비를 피하는 도구가 아니라 비가 내리는 날에도 기분을 상쾌하게 만들고 맑은 하늘을 보는 독특한 경험을 가져다주는 제품이 됩니다. 얼마나 기발한 발상입니까?

우산을 비를 피하기 위한 도구로만 한정하지 않고 예술 작품으로, 기분을 즐겁게 해주는 사물로 발전시킨 사례입니다. 재해석으로 기존 사고의 틀을 깨고 발상을 전환한 사례라 하겠습니다.

하디스의 재해석

햄버거는 건강을 위해서 먹는 게 아니라, 배부르려고 먹는 것이다

최근 웰빙이나 로하스LOHAS, Lifestyles of Health And Sustainability 같은 말들이 유행하면서 패스트푸드 업체마저도 웰빙 버거를 출시하고 있습니다. 하지만 하디스는 이런 트렌드에 전혀 다른 재해석을 함으로써, 시장에서 돌풍을 일으키고 있습니다. 이름도 대놓고 '괴물처럼 두꺼운 버거Monster Thick Burger'라고 합니다.

크기는 맥도널드 햄버거 가운데 가장 큰 '빅맥'의 2배 정도이고, 1,420칼로리에 지방 성분만 107그램이라고 합니다. 내용물로 150그램짜리 소고기를 2장 얹고, 베이컨 4조각, 치즈 3장, 버터에 마요네즈도 듬뿍 발라준답니다. 얼핏 들으면 이렇게 무시무시한 햄버거를 누가 먹을까 싶기도 하지만, 실제로 미국에서 불티나게 팔리고 있다고, 〈로스앤젤레스 타임스〉가 소개했습니다.

요즘처럼 건강과 웰빙을 중요하게 여기는 시대에 도대체 무슨 까닭으로 이런 햄버거가 성공할 수 있을까요? 그것은 표면 아래에 있는 진실을 정확하게 찾아냈기 때문이라고 저는 생각합니다. 이 몬스터 식 버거는 햄버거 핵심 고객인 18세에서 34세 사이 남성에게 숨어 있는 결핍을 햄버거에 대한 일반적인 관점과는 전혀 다른 관점으로 해석해낸 것이죠.

하디스는 햄버거의 핵심 고객들이 햄버거를 건강을 위해서 먹지 않고 배를 채우기 위해서 먹는다는 사실에 주목했습니다. 이들의 욕구는 맛있고 배부르면 된다는 것이었습니다. 건강을 생각한다면 아예 패스트푸드점에 들어오지도 않는다는 것이 하디스가 발견한 소비자들의 관점입니다.

현실적으로는 햄버거를 먹는 소비자들에게 이렇게 중요한 결핍이 있는데, 사회적 관점으로 건강이라는 잣대를 들이대니, 패스트푸드 업체가 어려울 수밖에 없었던 것입니다. 다른 업체들이 건강, 웰빙을 찾을 때, 하디스는 왜 사람들이 패스트푸드를 찾는지 그 이유를 전혀 다른 관점으로 재해석해 성공을 거둔 참으로 흥미로운 사례입니다.

톰보이트레이드의 재해석

집을 고치는 사람이 남자인 줄 알았는데, 알고 보니 여자였다

캐나다에서는 남성이 집을 고치는 비율보다 여성이 집을 고치는 비율이 더 높다고 합니다. 예전에는 그렇지 않았습니다만 시간이 흐르면서 여성의 비율이 높아진 것입니다. 에이시 닐슨이라는 리서치 회사에서 조사를 해보니, 63퍼센트에 이르는 가정에서 여성이 집을 고치는 것으로 나타났다고 합니다. 세상은 이렇게 변했는데, 공구업체들 대부분은 여전히 남성을 대상으로 각종 공구와 장치를 만들고 판매했습니다. 왜 그랬을까요? 그때까지 다들 당연하게 생각했던 것

이 변했다는 사실을 눈치 채지 못했던 것입니다.

그런데 캐나다에 있는 톰보이트레이드라는 회사는 이런 변화를 다른 누구보다 먼저 알아채고 여성만을 위한 신제품을 출시해 성공을 거두었습니다.

이 회사는 온전히 여성에 맞추어 제품을 설계하고 만들었습니다. 기존 남성용 제품이 지니고 있던 남성적 이미지에서 벗어나 핑크빛 색상을 도입하고 크기도 여성에게 맞추는 등, 여성을 고객으로 한 작업을 진행해 나갔습니다.

결과는 어땠을까요? 이 회사는 남성만을 대상으로 하던 시장을 여성에게까지 넓힘으로써 큰 성과를 올렸습니다. 이것 또한 전형적인 고정관념에서 벗어나 통찰을 이룬 훌륭한 사례가 아닐 수 없습니다.

취영루의 재해석

문제를 숨기려 하지 말고, 오히려 공개하자

2004년 중견 만두 제조회사 가운데 하나인 취영루는 어려운 형편에 놓이게 되었습니다. '쓰레기 만두 파동' 때문이었는데 만두 업체들에서 자투리 단무지를 재료로 사용하였다는 점이 확대 해석되면서, 판매에 돌이킬 수 없는 타격을 입은 것입니다. 취영루와 같은 중소기업은 이 정도로 좋지 않은 소문이 대중매체를 타게 되면, 손해가 이만저만이 아닙니다. 당연히 취영루의 매출은 곤두박질치기 시작했습니다.

이런 상황에서 할 수 있는 일은 무엇이 있을까요? 취영루는, 소비자들이 믿을 수 있도록 문제를 숨기지 않고 과감히 공개하기로 결정하고 생산 공장을 완전히 개방했습니다. 만두를 만드는 과정을 누구든지 볼 수 있게 벽을 모두 유리로 만들었고, 원하는 사람은 아무나 구경할 수 있게 했습니다.

이런 방침이 알려지자 점차 고객들이 찾아오기 시작했고, 고객이 지켜보고 있으니 직원들은 더 깨끗한 공정을 위해 노력하게 되어, 좋다는 입소문이 절로 나게 되었습니다. 취영루 공장은 연인원 4만 명

이상이 다녀가는 관광 명소가 되었을 뿐만 아니라 2004년 254억 원이던 매출액은 2007년 500억 원에 이르렀습니다.

취영루의 선택은 무엇을 뜻합니까? '위기는 곧 기회다. 문제를 숨기려 하지 말고 오히려 공개하자' 는 재해석의 결과입니다.

데이비드 피셔의 재해석

건축물은 정지해 있을 뿐만 아니라 움직일 수 있다

건축가 데이비드 피셔David Fisher는 아랍에미리트연합 두바이에 새로운 건물을 짓는다고 발표했는데 이전과 전혀 다른 건물을 제시했습니다. 68층짜리 건물을 짓는데 각 층이 90분마다 한 바퀴씩 회전하도록 설계한 것입니다. 희한한 생각이죠. 대개 건물은 그대로 서 있기 마련인데, 빙빙 도는 건물을 생각해낸 것입니다.

왜 그랬을까요? 이 건물을 디자인한 데이비드 피셔는 바다가 내려다보이는 전망 좋은 집과 그렇지 못한 집의 가격 차이가 크다는 점에 주목하고 모든 집에서 바다가 보이게 설계한 것입니다. 그렇게 되면 모두 비싼 값으로 팔 수 있기 때문입니다. 더군다나 이런 건물은 전 세계에 하나밖에 없으므로 희소성 때문에 관광 명소도 될 수 있고 프리미엄도 생길 수 있으니, 여간 좋은 구상이 아닐 수 없습니다. 다음에 나오는 피셔의 도안을 보면 아시겠지만 시시각각으로 건물 모양도 바뀝니다. 참으로 창조적이고 훌륭한 재해석이라 하겠습니다.

정주영 회장의 재해석

그 사람들이 원하는 것이 무엇인가

정주영 회장은 통찰이란 측면에서는 둘째 가라면 서러울 분입니다. 이분은 맨손으로 시작해서 우리나라에서 손꼽히는 재벌인 현대그룹을 만들었습니다. 문제가 있을 때마다 그것을 통찰해내던 힘은 가히 깜짝 놀랄 만한 수준입니다. 이분이 보여준 통찰의 기술 가운데 재해석을 중심으로 몇 가지 살펴보겠습니다.

1952년 정주영 회장이 부산에서 건설 회사를 경영할 때 일입니다. 당시 아이젠하워가 미국 대통령으로 당선되면서 그해 12월 부산 유엔군 묘지를 방문하기로 했습니다. 그런데 미국 정부가 우리 정부에 한겨울이라 분위기가 너무 썰렁할 것 같으니 잔디를 깔아달라고 부탁했습니다.

한겨울에 잔디라니, 요구를 들어주긴 해야겠는데 참으로 난감한 상황이었습니다. 잔디를 구할 방법이 없던 차에 젊은 정주영 회장이 "내가 하겠다"며 자신 있게 나섰습니다. 그리고 며칠 뒤 아이젠하워 대통령이 방문했을 때 묘지는 온통 푸른 잔디로 뒤덮여 있었습니다. 그리고 그는 회견을 무사히 잘 마치고 돌아갔습니다.

도대체 어떻게 된 일이었을까요? 정주영 회장이 한겨울에 잔디를 어디서 구했을까요?

정주영 회장이 부산 유엔군 묘지에 심었다는 잔디는 잔디가 아니라 낙동강 강둑에서 자라는 보리 싹이었습니다. 파릇파릇한 보리 싹으로 유엔군 묘지를 덮으면서, 정주영 회장은 이렇게 말했다고 합니다.

"그 사람들이 원하는 것은 잔디가 아니라 푸른빛이고, 나는 푸른빛을 입혔을 뿐이다."

전형적인 통찰의 결과입니다. 그들은 잔디를 말했지만 진정 원했던 것은 푸른빛이라니, 참으로 멋진 통찰이 아닐 수 없습니다.

이런 일도 있었습니다. 하도 유명해서 이미 다들 아실 겁니다. 1971년 현대는 조선소를 짓기 위해서 영국 바클레이스은행에서 차관을 얻으려 했습니다. 그러나 동양의 작은 나라, 이름도 알지 못하는 나라에서 대뜸 찾아와 돈을 빌려달라고 하니, 은행이 돈을 빌려줄 리가 없었습니다. 바로 그때 정주영 회장이 우리나라 500원짜리 지폐를 내밀었습니다. 지금은 없어진 500원짜리 지폐. 그 지폐에는 이순신 장군과 거북선이 그려져 있었습니다. 어리둥절한 표정을 짓는 바클레이스은행 사람들에게 정주영 회장은 말했습니다.

"한국은 이미 300년 전에 세계 최초로 철갑선을 만들었습니다. 그 기술이 한국에 있습니다."

이 한마디에 바클레이스은행 사람들은 감동하게 되었고 비로소 차관을 들여올 수 있었습니다. 정주영 회장의 자서전을 보면 다음과 같은 말이 나옵니다.

"그들은 우리를 믿지 않고 있었다. 나는 그들에게 우리가 믿을 만한 사람이란 것을 알려주려 했다. 만약 우리가 우리의 노동력과 입지 조건, 싼 임금 들을 얘기했더라면 일은 성사되지 못했을 것이다."

이 역시 놀라운 통찰입니다. 정주영 회장이 보여주려 했던 것은 능력이 아니라 믿을 만한 사람이라는 것입니다. 이처럼 재해석은, "이것인 줄 알았는데 알고 보니 저것이었구나"라는 반응과 공감이 절로 생기게 하며 감탄하게 만드는 놀라운 기술입니다.

가정부의 재해석

억지로 넣으려 하지 말고, 스스로 움직이게 하라

미국의 사상가이자 시인인 랠프 에머슨Ralph Emerson이 어렸을 때 겪은 일입니다. 어느 날 에머슨이 밖에 있던 송아지를 외양간에 넣어야 했습니다. 어찌 된 일인지 송아지는 외양간에 들어가지 않으려 했고 에머슨은 억지로 집어넣으려 애를 썼습니다. 그러나 에머슨이 힘을 쓰면 쓸수록 송아지는 더욱 외양간에 들어가지 않으려 버텼습니다. 시간만 흐르고 에머슨은 힘이 빠졌으며 송아지는 아직도 바깥에 있었습니다.

이 광경을 지켜보던 가정부가 에머슨에게 다가와 이런 말을 했습니다. "저는 송아지를 외양간에 넣을 수 있습니다." 에머슨이 깜짝 놀라며 물었습니다. "아니 어떻게 그렇게 할 수 있단 말이죠? 남자인 내가 이렇게 힘을 써도 안 되는데……."

그러자 가정부는 송아지한테 가더니, 자기 손가락을 송아지 입에 물려주었습니다. 그러고는 천천히 외양간으로 향했습니다. 송아지는 젖을 빨듯이 손가락을 물고 외양간으로 들어갔습니다.

에머슨은 송아지를 억지로 외양간에 집어넣으려 하였지만 실패했습니다. 그러나 가정부는 손가락 하나로 송아지가 스스로 들어가게 했습니다. 집어넣으려 하지 않고, 스스로 들어가게 한 것입니다. 생활 속 이야기지만, 사물을 다른 관점으로 바라보게 하는 재해석의 절묘한 사례입니다.

연습하기 : 문제의 재해석

• 프랑스 파리를 가르는 센강 못지않게 우리나라의 한강 또한 세계에 내놓아도 손색없는 아름다운 강입니다. 그러나 센강을 찾는 관광객은 줄을 잇지만 한강을 보러 오는 관광객은 많지 않습니다. 왜 그럴까요? 이 문제를 재해석해보십시오.

Tip

한강은 주변에서 강을 내려다보기에 좋지만 센강은 강에서 주위를 둘러보는 풍경이 좋습니다. 작은 차이지만, 이것에서부터 한강과 센강이 어떻게 발전할지 방향이 정해졌고, 지금에 이르고 있습니다.

• 세계적인 마술사 데이비드 카퍼필드가 파티를 열었습니다. 손님들에게 아라비아산 최고급 크리스털 커피 잔에 커피를 제공했는데 한 손님이 이 커피 잔을 몰래 주머니에 넣었습니다. 손님 가운데 한 명이 훔친 것은 확실하지만 손님들을 대상으로 조사를 하는 것도, 강제로 빼앗는 것도 파티 분위기를 흐릴 수 있어 곤란합니다. 당신이 데이비드 카퍼필드라면 이 상황을 어떻게 해결하겠습니까? 재해석해보시기 바랍니다.

Tip

카퍼필드는 마술사입니다. 커피 잔 하나 숨기는 것은 일도 아닙니다. 커피 잔을 없애는 마술을 보여주는 척합니다. 그러고는 이렇게 얘기합니다. "커피 잔 하나가 여기에 계신 손님 중 한 명의 주머니에 들어갔습니다. 자기 주머니를 살펴보시고, 커피 잔이 있는 분은 갖고 나오시기 바랍니다."

이렇게 하면 잔을 훔친 손님은 잔을 내놓을 수밖에 없고, 흥겨운 분위기도 깨지 않을 수 있습니다.

• 유럽에서 중요한 범죄의학 학술대회가 열립니다. 여기에 참가하기 위하여, 의사 3명과 변호사 3명이 배에 올랐습니다. 그런데 배에는 5명만 탈 수 있습니다. 1명은 내려야 합니다. 그들 중 누가 내려야 할까요? 문제를 재해석해서 답을 제시해보십시오.

Tip

사실 이 문제는 의사와 변호사라는 직업을 거론함으로써 사람들의 주의를 핵심적인 부분에서 딴 데로 돌린 것입니다. 그러나 정작 중요한 것은 몸무게입니다. 따라서 몸무게가 가장 많이 나가는 사람이 내리는 것이 제일 현명한 방법일 것입니다.

새로운 개념을 만나게 하라

낯섦은 정보 재조직화의 중요한 기준이다

1992년 인지심리학자인 로버트 와이어Robert Wyer 교수가 통찰이 무엇인지 단서가 될 만한 연구를 발표했습니다. 지난 70년 동안 많은 학자들이 소비자가 정보를 어떻게 처리하는지 연구해왔습니다. 그 많은 연구와 이론을 종합하고 분석한 로버트 와이어 교수는 통찰이 발생하는 가장 대표적인 순간이 바로 '이전에 만나지 않았던 두 가지 개념이 새롭게 만나는 순간'이라고 했습니다. 이전에 만나지 않았던 두 가지 개념이 새롭게 만나, 이전에 없던 추론이 발생하고, 그 추론에 따라 감동과 정보처리의 수준이 결정된다는 것입니다.

복잡한 연구지만 간단히 요약한다면, 새로운 만남으로 통찰이 발생하고 이전에 없던 새로운 의미가 만들어진다고 할 수 있습니다. 이것을 그림으로 정리하면 다음과 같습니다.

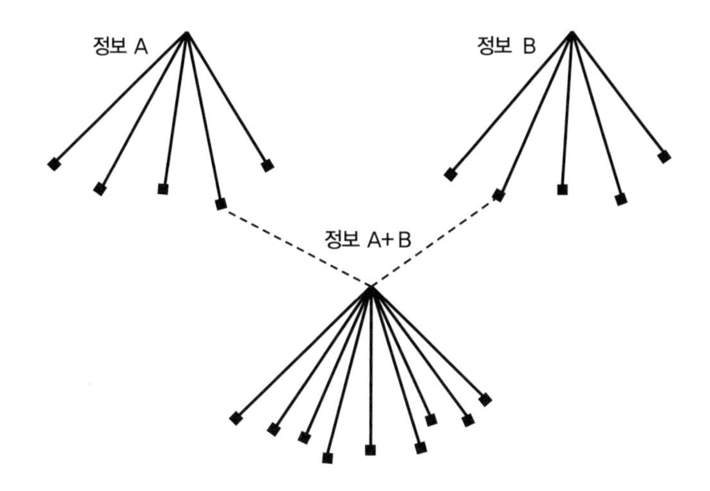

정보 A와 정보 B가 새롭게 만나면, 정보 A+B가 됩니다. 정보 A+B는 정보 A와 정보 B를 단순히 합친 것보다 더 많은 연상을 만들어냅니다. 왜냐하면 세부 속성들이 각각 새로운 연상과 기억을 조합하기 때문입니다. 시너지 효과가 발생한다고 할 수 있죠.

이처럼 새로운 만남은 아이디어가 떠오를 확률을 높입니다. 지금껏 만나보지 못했던 것들이 서로 만나 새로운 관계가 형성되면 호기심과 함께 놀라움이 발생하고, 곧이어 정보처리해야 할 양이 늘게 됩니다. 때문에 창조적인 관계가 만들어지고 아이디어가 떠오르는 것입니다.

비즈니스 측면에서 보자면 새로운 만남을 통해 가치가 증가한다고

할 때, 그 만남은 제품과 제품의 만남일 수도 있고 제품과 광고의 만남일 수도 있으며 속성과 속성의 만남일 수도 있습니다. 그 어떤 것이 되었든 새로운 만남의 효과는 놀랄 만큼 큽니다.

새로운 만남의 효과를 잘 드러내는 사례 하나를 얘기해보겠습니다. 폭스바겐 광고는 광고 역사상 가장 드라마틱한 광고로 손꼽힙니다. 폭스바겐이 등장하기 전까지 미국은 대형차가 주도하는 시장이었습니다. 미국인의 정서가 크고 화려한 것을 좋아하기 때문이었습니다. 그런데 폭스바겐이 들고 나온 캠페인이 "작은 것을 생각하라 Think Small"입니다. 굉장히 낯선 접근이 아닐 수 없었습니다. 모든 소비자가 큰 차를 더 좋아하는 상황에서 작은 것을 생각하라니 말입니다.

폭스바겐의 낯선 제안은 많은 미국 사람들을 놀라게 했습니다. 그때까지 그들은 자동차를 생각하면서 '작다'라는 개념을 받아들인 적이 없었기 때문입니다. 새롭고 낯선 제안은 놀라움을 주었지만 소비자들을 생각하게 만들었습니다. 곧 '작으면 더 효율적일 것이고 경제적일 수 있다'는 공감대를 이끌어냈습니다. 새로운 만남으로 만들어진 공감대는 한번 형성되기 시작하자 걷잡을 수 없이 커졌고, 폭스바겐은 단위 모델로서는 세계적 기록인 400만 대를 판매하였습니다. 새로운 만남의 놀라운 효과입니다.

낯선 만남, 즉 새로운 만남의 효과가 극대화된 사례를 하나 더 들어보겠습니다. 이번에는 제품이 아니라 문화 상품입니다. 바로 〈난타〉 공연입니다.

〈난타〉는 한국인의 고유 정서인 흥을 현대적으로 표현한 작품으로, 흥이라는 고유 정서와 현대적 연극의 스토리라는 요소를 버무려 새로운 만남을 시도했습니다. 흥이란 고된 노동 속에서도 구성진 노랫가락에 힘을 실어 고난을 승화시키는 우리만의 고유 정서입니다. 이런 흥은 서양의 리듬과 그 정서와는 많은 차이점이 있습니다. 〈난타〉는 동양적 리듬과 서양적 리듬의 조화를 통해 우리의 정서를 새롭게 표현했습니다. 더욱이 전문 악기만이 아니라 일상 속에서 쓰이는 생활용품도 악기가 될 수 있다는 낯선 만남까지 보여줍니다.

〈난타〉는 사물놀이와 연극의 만남, 서양적 낯섦과 한국적 공감대의 재해석, 그리고 악기의 고정적 카테고리를 허무는 것 등 여러 가지 시도를 무대에 올렸습니다. 그 결과 놀랍게도 우리나라 사람만이 아니라 전 세계인들의 공감을 불러일으켰습니다. 공감대 안에서 이루어지는 낯섦은 놀라운 경험을 이끌어냅니다.

새로운 만남, 은유의 메커니즘

은유를 한마디로 정의하면 '만남의 미학' 입니다. 그런데 만남이라고 해서 모두 다 같은 만남은 아닙니다. 다시 말해 은유라고 해서 다 같은 은유는 아니라는 것이죠. 은유에도 각각 다른 효과가 있습니다. 큰 효과를 일으킬 때도 있고, 그렇지 않을 때도 있습니다. 우리가 앞에서 사례로 다룬 것들은 모두 효과가 컸던 은유들입니다. 그러나 대부분은 그렇지 않습니다. 만남이 이루어졌지만, 큰 효과가 없는 것들이 태반입니다.

효과를 큰 은유는 이전에 한 번도 만나지 않았던 것들이 새롭게 만나 공감대를 확보하는 은유입니다. 다시 말해 새롭게 길을 열어 공감을 확실히 불러올 수 있는 은유입니다.

예를 들어보겠습니다. 삼성 래미안 아파트는 우리나라에서 처음으로 아파트에 브랜드 개념을 도입한 사례입니다. 이를 통해 아파트라는 물질적 제품을 심리적 제품으로 변화시켰습니다. 래미안이 나오기 전에는 단지 아파트에 회사 이름을 붙였을 뿐이었습니다. 현대아파트, 엘지아파트, 주공아파트, 삼성아파트, 대림아파트 따위로요. 래미안은 이런 물질적 제품 시장에 처음으로 브랜드 개념을 도입하여, 소비자들의 마음속에 가까이 다가간 것입니다. 그 효과는 아주 놀라웠습니다. 단숨에 래미안 아파트가 아파트 브랜드 순위에서 1등을 차지하게 된 것입니다. 효과가 큰 은유란 이런 것입니다.

그런데 처음 시도를 한 사람이 있으면 이를 쫓아가는 사람이 있게 마련인지라, 곧 래미안을 쫓아가는 브랜드들이 생겼습니다. 따라 하는 것까지는 괜찮은데 너무 대놓고 베끼는 모습을 보이는 회사도 있습니다. 예를 들어 뜨란채, 하늘채 등이 그것입니다. 이런 브랜드들은 나름대로 창의성 있는 아이디어를 내놓지 못하고 한눈에 봐도 래미안과 비슷해 보입니다. 래미안은 첫 시도였기 때문에 감동이 컸지만, 뒤를 쫓는 이들 브랜드들은 래미안과 같은 감동을 기대하기 어렵습니다. 래미안은 효과가 큰 은유였지만 래미안을 따라간 이들 다른 브랜드들은 별로 효과가 없는 은유가 돼버리는 것입니다.

그뿐 아니라 효과가 작은 은유는 큰 은유를 만든 브랜드를 오히려 도와주는 경향마저 있습니다. 이들은 독자적 브랜드가 아닌 유사품으로서 질이 떨어질지 모른다는 인식을 소비자에게 심어줄 수 있기 때문입니다.

효과가 큰 은유들로는 어떤 것들이 있는지 예를 들어 자세히 살펴보겠습니다.

셀픽션

소설책은 재미로 읽는 책입니다. 반면 자기계발서는 자기계발을 위한 지침서입니다. 과거에 이렇게 개념이 다른 책이 서로 만난 적은 없었습니다. 소설은 소설대로, 자기계발서는 자기계발서대로 각자 서로 다른 관점으로 서로 다른 독자를 만나고 있었습니다.

하지만 어느 날 소설과 자기계발서가 만나서 새로운 영역을 만들었습니다. 그것이 바로 셀픽션selfiction입니다. 셀픽션은 자기계발self-help과 소설fiction을 접목한 새로운 개념입니다. 이런 셀픽션이 서점가에 새로운 반향을 일으키고 있습니다.

《누가 내 치즈를 옮겼을까?》는 셀픽션의 효시라 할 수 있습니다. 이 책은 2000년에 출간되어 수많은 독자들에게 사랑받았는데, 최초로 자기계발서를 소설 형식으로 선보인 책이었습니다. 이 책을 시작으로 《마시멜로 이야기》, 《밀리언 달러 티켓》, 《청소부 밥》, 《에너지 버스》 같은 책들이 많이 팔리고 있습니다. 최근 대형 서점 종합 순위에서도 5, 6위 정도는 가뿐히 차지할 만큼 이런 책들이 새로운 흐름을 만들고 있다고 합니다.

독자들이 많은 셀픽션을 베스트셀러로 만들며 뜨겁게 반응하는 이유는 무엇일까요? 소설은 재미만 있고, 자기계발서는 교훈만 있는데, 이 둘을 접목한 셀픽션을 통해서는 재미와 교훈을 동시에 얻을 수 있기 때문입니다. 이것은 새로운 만남으로 새로운 시장이 발생한 대표적 예입니다. 다시 말해 통찰적 접근이 이루어진 것입니다.

만남 자기계발서 + 소설

효과 재미와 교훈을 동시에 제공한다.

결과 베스트셀러 등극

!

댐

21세기를 대표하는 천재 가운데 한 사람으로 토드 사일러Todd Siler를 듭니다. 그런 토드 사일러도, 서로 만난 적이 없는 두 가지 개념을 만나게 해주는 데는 레오나르도 다 빈치만 한 사람이 없다고 했습니다. 다 빈치가 살았던 15세기 말과 16세기 초 베네치아는 평소에는 괜찮다가 비만 오면 홍수가 지는 치명적인 문제를 안고 있었습니다. 바로 이 점을 다 빈치가 해결했는데, 만나지 않은 두 가지 개념을 서로 만나게 한 데서 그 실마리를 찾았다고 합니다.

다 빈치는 해부학자면서 화가이고 발명가였습니다. 그는 사람의 피가 어떻게 흐르는지 알고 있었을 뿐 아니라, 강물의 흐름에 대해서도 잘 이해하고 있었고 피의 흐름과 강의 흐름이 서로 비슷하다는 것도 알고 있었습니다. 그런데 피는 흘러넘치지 않는데, 강은 넘쳐 홍수가 나지 않습니까? 왜 그럴까요? 그것은 사람 몸과는 달리 강에는 물의 흐름을 조절하는 밸브 시스템이 없기 때문이죠.

다 빈치는 역사상 처음으로 인체의 혈류 조절 시스템인 판막과 베네치아를 관통하는 강물을 만나게 하였습니다. 그래서 나온 것이 바로 댐입니다. 물론 당시 다 빈치가 그린 그림은 사방댐과 비슷한 모양이었습니다. 실제 다 빈치는 이를 손으로 그려서 판막과 비교를 할 정도였는데, 눈으로 보아도 그 둘은 매우 유사한 형태를 띠고 있습니다.

다시 말해 다 빈치는 이전에 한 번도 만난 적이 없던 인체의 혈류 구조와 운하의 지류 구조를 만나게 한 것입니다. 이들의 만남으로 다 빈치는 새로운 관계를 보게 되었고, 인체의 혈류 구조에서 생각해낸 밸브 시스템을 운하의 지류 구조에 적용할 수 있었습니다. 이 밸브 시스템 덕분에 베네치아는 홍수 때 수량을 조절할 수 있게 된 것입니다.

만남 심장의 판막 구조 + 베네치아의 강

효과 물의 흐름을 의도에 맞게 조절한다.

결과 댐 발명, 홍수 방지

뫼비우스 벨트

초급 수학 과정에서 배우는 것 가운데 뫼비우스의 띠라는 것이 있습니다. 띠 한쪽을 비틀어 양 끝을 이으면, 두 면이 한 면이 되는데 이것을 뫼비우스의 띠라고 합니다. 우리는 뫼비우스의 띠에 대해 배우지만, 이것이 어디에 어떻게 쓰일지 생각해본 적은 많지 않습니다. 수학자라 하더라도, 뫼비우스의 띠에 대한 관점은 위상수학의 흥미거리 정도에 그칠 때가 많습니다.

이렇게 재미있는 뫼비우스의 띠를 어디에 어떻게 사용해야 그 효과가 나타날까요? 그 해답은 새로운 개념들의 만남으로 얻어졌습니다. 50여 년 전 한 기술자는 뫼비우스의 띠를 컨베이어 벨트와 만나게 했습니다. 기존 컨베이어 벨트는 한 면으로만 작동했기 때문에 수명이 길지 않았지만, 뫼비우스의 띠처럼 컨베이어 벨트를 만들게 되자 그 수명이 2배 이상 길어졌습니다. 그렇게 만들면 양면을 다 쓸 수 있기 때문입니다.

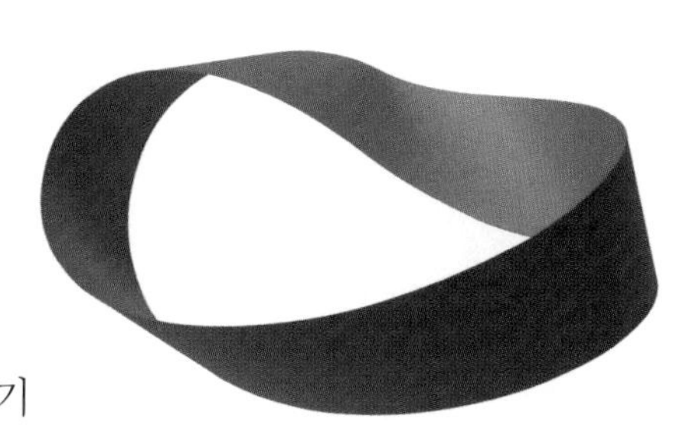

같은 관점으로 우리 주변에 있는 수많은 벨트를 뫼비우스의 띠처럼 만들어 쓰면 그 수명이 2배 이상 늘어날 것입니다. 수학 책에서나 볼 수 있었던 뫼비우스의 띠가 새로운 개념과 만나면서 기존 제품의 성능이 개선된 셈이죠.

만남 뫼비우스의 띠 + 컨베이어 벨트

효과 두 면을 한 면처럼 사용한다.

결과 컨베이어 벨트의 수명이 2배 이상 늘어난다.

북 카페

서점은 서점이었고, 카페는 카페였습니다. 책을 보려면 서점에 가야 했고, 차를 마시려면 카페에 가야 했습니다. 그런데 어느 날 이 둘을 동시에 만나게 해주는 북 카페가 생겼습니다. 그곳은 책도 읽고 차도 마시는 곳입니다. 두 가지에서 모두 효용을 느끼는 젊은 세대들은 발걸음을 북 카페로 향하기 시작했습니다.

지금은 각 대학교 앞마다 북 카페가 늘어가고 있는데, 새로운 만남이 만들어낸 전형적인 결과입니다. 이와 같은 관점으로 다양한 이색 카페가 등장하고 있습니다. 드레스 카페, 명상 카페, 타로 카페, 애견 카페, 심지어 공포 카페까지 선을 뵈고 있습니다. 서로 만나지 않던 개념이 만나 의미가 통하게 되면 소비자 효용은 증가하게 되고 수요가 발생합니다.

만남 책 + 카페

효과 두 가지 효용이 동시에 발생한다.

결과 갈수록 다양한 카페가 등장하고 있다.

6시그마 운동

6시그마는 단계에 따라 불량률 관리를 다르게 한다는 개념을 끌어들여 효율성을 높이는 경영 전략입니다. 1980년대 말 미국 모토롤라에서 처음 시작했는데 지금은 전 세계 초우량 기업에서 채택하고 있습니다. 6시그마는 모두 5단계로 나뉘는데 일본 가라테의 승급 체계를 들여온 것입니다. 다시 말해 미국의 무결점 생산 절차와 일본 가라테의 승급 체계가 새롭게 만나 6시그마를 탄생시킨 것이죠. 그럼으로써 개념을 쉽게 이해할 수 있을 뿐 아니라 불량률이 어느 정도 개선되는지 확인할 수 있게 되었습니다.

6시그마의 품질 혁신 5단계는 챔피언Champion, MBBMaster Black Belt, BBBlack Belt, GBGreen Belt, WBWhite Belt로 나뉩니다. 우리 식으로 말하면 흰 띠, 초록 띠, 검은 띠를 따고 더 높은 급수로 승급하는 체계라 할 수 있겠죠. 6시그마는 각 단계별로 품질 개선 정도를 구분하였고, 각 단계에 맞는 목표와 생산 공정을 새롭게 구성합니다.

생산성 향상을 위해 많은 기업이 채택하고 있는 6시그마는 서로 다른 두 개념이 만나서 새로운 문화를 탄생시킨 훌륭한 예입니다.

만남 미국식 품질 혁신 + 일본 가라테 승급 체계

효과 품질 혁신의 단계를 구분하여 효율성을 높인다.

결과 품질 혁신이 필요한 많은 생산 현장에서 채택하고 있다.

콜라주

피카소, 〈절인 과일 담긴 접시〉, 1912

예술의 발전 또한 전형적인 통찰의 과정입니다. 콜라주Collage는 신문지나 모래, 헝겊, 사진 따위를 화판이나 캔버스에 붙여 만드는 새로운 표현 기법입니다. 콜라주 기법이 나오기 전에는 캔버스에 물감만 사용했습니다. 콜라주는 처음으로 물감이 아닌 다른 재료와 캔버스를 만나게 했습니다.

특히 피카소는 새로운 기법인 콜라주를 크게 발전시켰습니다. 콜라주는 1960년대를 거치면서 팝 아트의 주요 형태로 성장했습니다. 콜라주는 프랑스 말로 '붙이기'를 의미하는데, 말 그대로 새로운 만남으로 이루는 예술을 뜻합니다. 새로운 만남은 미술 발전을 위한 통찰에도 매우 중요한 구실을 합니다.

만남 신문, 모래, 헝겊 + 캔버스

효과 미술 표현 기법에 새로운 돌파구를 제공했다.

결과 콜라주라는 새로운 미술 기법이 탄생했다.

나이키 + 아이팟

나이키는 스포츠 분야에서 최고의 브랜드고, 애플의 아이팟은 엠피스리 분야에서 최고의 브랜드입니다. 이 둘이 만나면 어떤 장점이 생길까요? 실제로 나이키와 아이팟이 만났습니다. 그것은 운동하면서 얼마나 많은 칼로리를 소모했는지 알려주기도 하고, 동시에 자기가 원하는 음악을 선택해서 들을 수 있도록 해줍니다.

이 시스템은 신발 안창에 넣는 작은 송신기와 아이팟 단말기로 이루어지는데, 송신기가 아이팟에 정보를 보내게 됩니다. 버튼을 한 번 누르면 얼마나 칼로리를 소모했는지 뛰는 사람에게 알려주고, 원하는 노래를 고를 수 있게도 해줍니다.

왜 이런 장치를 만들게 되었을까요? 그것은 실제로 달리기를 하는 이들 가운데 많은 사람들이 이미 아이팟을 쓰고 있다는 점에서 출발했습니다. 이미 이 둘은 같은 상황에서 사용되고 있었는데, 이 점에 착안하여 나이키와 애플이 결합 상품으로 만들어낸 것입니다.

이 장치는 전문 선수든 아니든 모든 사람들이 더 쉽게 달리기를 할 수 있도록 돕는 장치가 될 것입니다. 운동은 건강한 삶을 위해 반드시 필요하고, 달리는 사람은 자신의 운동량을 눈으로 확인하고 싶어합니다. 바로 운동량을 확인하고 싶은 욕구, 결핍이 생기는 것입니다.

이전까지는 이 결핍을 채워주던 도구가 러닝머신이었지만, 이제 사람들은 자연 속에서 달리고 싶어합니다. 그런데 자연 속을 달리면 무료함이라는 새로운 결핍이 발생하고 이 결핍을 채우기 위해 사람들은

음악을 찾습니다. 바로 이 점을 해결하기 위해 '나이키+아이팟'이 나온 것입니다. 이것은 전형적인 두 개념의 새로운 만남에 해당하며, 이때 생기는 효과는 매우 높은 수준이 될 것입니다.

만남 나이키 운동화 + 애플 아이팟

효과 건강을 위해 자연 속을 달리며 무료함 또한 없앨 수 있다.

결과 많은 사람들이 '나이키+아이팟'을 찾는다.

이퀄라이저 티셔츠

2007년 여름 출시되어 콘서트, 클럽 등에서 새로운 패션 트렌드를 만든 이퀄라이저 티셔츠를 소개합니다. 이 제품은 젊은이들이 모이는 파티에서 큰 호응을 얻었는데, 어두운 공연장에서 녹색, 노랑, 빨강 등 여러 색깔이 음악에 맞추어 빛을 내면 즐거움이 더 커진다는 데 초점을 맞춘 것입니다.

이 제품은 모니터나 엠피스리 액정에 있는 이퀄라이저 기능을 티셔츠에 그대로 옮겨놓았습니다. 센서가 있어서 들리는 음악에 그대로 반응합니다. 배터리는 안쪽 주머니에 넣을 수 있고 가격도 싼 편입니다.

요즘 어디를 가든지 음악과 춤을 빠뜨리지 않는 젊은이들에게 더 신나는 분위기를 만들어줄 수 있다는 측면에서 흥미로운 만남이라 할 수 있습니다.

만남 티셔츠 + 이퀄라이저

효과 파티에 재미와 호기심을 불러일으킨다.

결과 파티가 더 즐겁고 흥겨워진다.

스카이 사이클

오토바이와 헬리콥터가 만나면 어떤 일이 벌어질까요? 오른쪽 사진과 같은 일이 벌어집니다. 보기에도 신기하게 생겼죠? 일명 스카이 사이클Sky Cycle이라고 하는 탈것입니다. 이 스카이 사이클은 전직 비행기 조종사인 래리 닐이란 사람이 만들었는데, 하늘을 날기도 하고 도로를 달리기도 합니다.

도로에서는 무려 시속 100킬로미터로 달리고, 하늘에서는 시속 160킬로미터로 난다고 하며, 엔진이 꺼지면 회전 날개를 이용해서 활강 착륙도 가능하다고 합니다. 조립 생산을 하고 가격은 우리나라 돈으로 약 3,000만 원 정도 한다니 돈 있는 사람들은 한 번쯤 구미가 당길 만한 제품입니다.

이 제품이 어떻게 태어나게 됐는지 말씀드리려 합니다. 이 제품은 서로 만나본 적 없는 두 개념의 만남으로 새로운 개념이 탄생하고, 그 결과 이전에 해결하지 못한 문제를 해결한 예입니다. 꽉 막힌 도로에 갇혀 있을 때마다 드는 생각을 실제로 구현한 것이지요. 낯선 만남의 훌륭한 사례입니다.

통찰력 하면 떠오르는 사람인 애플의 최고경영자 스티브 잡스는 한 인터뷰에서 이런 얘기를 했습니다.

"통찰력과 창의력은 사물을 연결하는 것에서 나옵니다. 기존에 존재하던 것들을 새롭게 연결해 이전에 없던 새로운 것을 합성해냅니다. 이것이 핵심입니다."

통찰이란 표면 아래 숨어 있는 진실을 한눈에 알아보는 것입니다. 어떻게 하면 어제까지는 몰랐는데 오늘은 알 수 있게 될까요? 그 해답 가운데 하나가 바로 '새로운 만남' 입니다. 이전에는 만난 적이 없지만, 지금 새롭게 만나 피가 통하고 의미가 만들어지면, 이때 사람들은 무릎을 치게 됩니다.

만남 오토바이 + 헬리콥터

효과 꽉 막힌 도로에 갇히지 않고 여유롭게 다닐 수 있다.

결과 완전히 새로운 탈것이 등장했다.

연습하기 : 새로운 만남

● 베트남 쌀국수가 우리나라에 들어온 지도 10년이 다 되어갑니다. 미국이나 호주에 가면 베트남 쌀국수가 우리나라에서 먹던 것과 다른 경우가 많습니다. 왜냐하면 모두 그 나라 특성에 맞게 변형했기 때문입니다.
우리나라에서 팔리는 베트남 쌀국수는 모두 비슷합니다. 여기에 새로운 만남을 제안해서 전혀 새로운 베트남 쌀국수를 만들 수 있을지 생각해보십시오.

● 이번에는 우리나라의 발효 음식을 세계에 수출하려고 합니다. 구체적으로 우리나라 김치나, 고추장, 된장 등을 생각해보겠습니다. 미국과 일본에 수출하려고 하는데, 어떻게 하면 좋을까요?
역시 미국 음식 문화와 일본 음식 문화를 고려해서 새로운 만남을 제안해보십시오.

낯섦

낯설다는 것은 다르다는 것을 의미합니다. 마케팅에서 가장 중요한 원칙 가운데 하나가 낯설고 달라야 한다는 것입니다. 사람은 다른 것에 더 많은 주의를 기울입니다. 이는 인간이 어떻게 행동하는지를 설명하는 절대적인 명제입니다. 다르면 한 번이라도 더 보게 되고 더 생각하게 됩니다. 다르면 놀라움과 함께 정보처리 양이 늘어나고, 호감이 커지게 됩니다. 다른 것은 강한 법입니다. 사람은 다르게 느낄 때 비로소 생각하기 시작합니다. 왜 그럴까요? 다양한 이유가 있겠지만, 인간이 정보를 처리하는 방식을 살펴보는 것이 효과적입니다.

사람은 최소한으로 노력해 최대 효과를 얻으려 합니다. 이것이 사람이 인지적 자원을 사용하는 방식의 대전제입니다. 다르지 않으면 최소한의 노력도 들이지 않습니다. 다르지 않으면 생각할 필요가 없으므로 기존 정보를 그대로 유지하게 됩니다. 이런 경향은 소비자의 행동을 설명해주는 가장 간결하고 강력한 법칙입니다. 들이는 것은 조금만 들이고, 얻어내는 것은 많이 얻어내려 하는 것이죠. 눈앞에서 벌어지고 있는 이런저런 사건들이 자기 머릿속에 들어 있는 기억 체계와 유사하다면, 정보를 처리하려는 생각조차 하지 않습니다. 기존 기억 체계와 달라야 생각하기 시작하고, 기억하게 되고, 호감이 생기게 됩니다.

그러나 다르다고 다 강한 것은 아닙니다. 오히려 다른 것 가운데 대부분은 약합니다. 생각해보십시오. 해마다 신제품 수천 개가 출시됩니다. 미국에서는 연간 신제품이 7,000건 출시된다고 합니다. 크건 작건 한결같이 자신들이 '다른' 제품임을 주장합니다. 그러나 겨우 5~7퍼센트 정도만이 시장 진입에 성공합니다. 그렇게 많은 제품들이 서로 다르다고 주장하지만 겨우 그 정도만이 성공한다는 것입니다. 이런 결과는 우리를 어리둥절하게 만듭니다.

이유가 뭘까요? 다르다는 인식을 얻기 위해서는 지켜야 할 중요한 기준이 있는데 이를 벗어났기 때문입니다. 그것은 바로 공감대라는 것입니다.

공감대

소비자들에게 낯섦만 주어서는 곤란합니다. 낯섦과 함께 반드시 있어야 할 것이 공감대입니다. 공감대가 왜 중요한지 몇 가지 사례를 들어 살펴보겠습니다. 1990년대 중후반에 한동안 포스트모더니즘에 입각한 광고들이 유행했습니다. 매우 독특한 그림과 음악 그리고 카피를 사용했지만 광고를 보고 나서는 무슨 제품에 대한 광고인지 도무지 생각나지 않았습니다. 무엇이 문제였을까요? 공감대 확보가 문제였습니다. 소비자들은 공감할 요소가 없으면 아무리 달라도 기억하지 않습니다. 무엇인가를 보긴 많이 봤는데 뭘 봤는지 기억해내지 못합니다. 다시 말해 공감대를 확보하지 않으면 아무런 소용이 없습니다.

세상을 두 가지 개념으로 나누라

세상을 둘로 나누라

사람은 간단한 것을 좋아합니다. 왜냐하면 간단한 것이 더 쉽게 기억되기 때문입니다. 일부러 생각하고 고민하는 것을 매우 싫어해서 꼭 필요한 만큼만 머리를 사용합니다. 학생들이 벼락치기로 공부하는 이유도, 글쓰는 사람이 마감에 임박해야만 글을 쓰는 이유도 자원을 최소한으로 쓰려 하기 때문입니다.

본바탕이 이렇기 때문에 사람들은 정보를 둘로 나눠 저장하는 데 익숙해져 있습니다. 이것은 외부 세상을 기억하는 가장 근본적인 분류법입니다. 이처럼 최소 비용으로 최대 효과를 얻고 싶어하는 것을 절약의 원칙이라고 합니다. 사람들이 간편함을 추구하는 경향을 인지심리학에서는 인지적 구두쇠라고도 하지요.

여하튼 인지적으로 절약의 원칙을 지키려는 것이 사람의 본성인지라 세상에 대한 이해도 매우 간명하게 처리하는 것을 좋아합니다. 그렇다면 우리가 세상을 어떻게 이해하고 있는지 한번 따져보겠습니다.

너와 나
남과 여
하늘과 땅
좋은 것과 나쁜 것
아군과 적군
친한 사람과 친하지 않은 사람
좋아하는 사람과 좋아하지 않는 사람

모두 두 가지입니다. 찬찬히 생각해보면, 우리는 세상을 기본적으로 두 가지로 구분하며 살고 있습니다. 사람 마음이 복잡한 것 같아도 결국은 세상을 이렇게 단순하게 나누며 살고 있습니다.

이렇게 세상을 둘로 나누는 것은 마케팅에서도 중요한 관점입니다. 예를 들어보겠습니다. 미국이나 유럽에 가보신 분들은 아시겠지만, 그곳에는 사이다라는 말이 없습니다. 대신 세븐업Seven Up이란 말이 있습니다. 세븐업이 사이다를 대신하고 있습니다. 나중에 자세히 살펴보겠지만, 그들은 콜라가 아니란 뜻인 언콜라Uncola로 소비자들과 소통한 것입니다.

언콜라, 세븐업! 이와 같은 캠페인은 어떤 효과를 가져왔나요? 소비자의 머릿속에 단 두 가지 제품만 남게 해줍니다. "콜라와 언콜라. 코카는 콜라고 세븐업은 언콜라다." 단 두 가지 제품만으로 세상을 바라보게 하는 것입니다.

이런 사례는 마케팅에 한정된 예지만, 세상을 둘로 나누는 방식은 우리가 맞닥뜨리는 여러 현상에서 숨어 있는 진실을 찾아내기 위한 통찰의 기술입니다.

이분법의 힘

무엇이 세븐업의 성공을 가능하게 해주었나요? 시장을 둘로 나눔으로써 가능했던 것입니다. 참으로 놀라운 사고의 전환입니다. 세상을 둘로 나누는 것은 이처럼 힘이 있습니다. 이 힘이 기존의 고정관념을 새롭게 해석할 수 있게 만들고, 그 결과 소비자의 마음을 움직일 수 있습니다.

사물을 두 가지로 나눠 정보를 처리하면 기억이 잘된다는 사실을 보여주는 예는 고전에서도 찾을 수 있습니다. 사마천이 쓴 《사기》에도 항상 인물이 두 명씩 짝을 지어 나옵니다. 세 명도 아니고 딱 영웅 두 명이 자웅을 겨룹니다. 한번 적어보겠습니다.

오자서와 범려
구천과 부차

관중과 포숙아

백이와 숙제

소진과 장의

손빈과 방연

유방과 항우

이름만 들어도 알 만한 사람들이 딱 두 명씩 나옵니다. 물론 이 밖에도 수많은 영웅호걸이 있지만, 두 명이 대구를 이루지 않으면 기억하기 쉽지 않습니다. 이것이 두 가지로 세상을 바라보는 힘입니다.

이분법으로 나누는 것은 유목화類目化의 일종입니다. 정보를 처리하는 방법 가운데 가장 설득력 있는 방법입니다. 이것은 비슷한 것끼리 한 항목으로 묶어 간단한 기억으로 저장하는 방식입니다. 쉬운 예를 들자면, 수많은 날짐승들을 하나로 묶어 '새'라는 항목을 만들고, 친한 사람들을 하나로 묶어 '친구'라는 항목을 만들어 분류하는 것과 같은 방식입니다. 그런 유목화 가운데 가장 많이 쓰이는 방식이 세상을 둘로 나누어 이해하는 방식이고 이 방식을 쓰면 기억하기가 쉽습니다.

여기서 중요한 것은, 세상 모든 것을 둘로 나누되 둘로 나눈 기준이 자신에게 유리한 것이어야 한다는 점입니다. 그저 세상을 둘로 나누기만 한다면 이분법의 힘은 나오지 않습니다. 이것과 저것으로 나눌 때, 저것과 대비하여 내 것인 '이것'의 특징이 분명히 드러나야 합니다. 그리고 그 특징이 나 자신에게 유리한 쪽으로 작용할 수 있도록 해야 합니다. 그것이 제품 마케팅이라면, 기능이 같은 다른 회사 제품과 대비하여 이분법적으로 소비자에게 다가간 다음, 다른 회사 제품에 없는 우리 회사 제품의 특징을 인상 깊게 드러냄으로써 수요를 늘려야 하는 것입니다.

이처럼 세상 모든 것을 나에게 유리한 기준으로 둘로 나누면, 소비자는 더욱 긍정적인 태도를 취하게 됩니다. 여기에 관련된 예들을 여러 가지 소개합니다.

마쓰시타 고노스케

세상에는 두 가지 기업이 있다. 직원을 해고하는 기업과 종신 고용하는 기업

마쓰시타전기산업의 창업자는 마쓰시타 고노스케松下幸之助입니다. 일본에서는 마쓰시타를 경영의 신으로 우러르며, 기업 경영자가 본받아야 할 사람으로 떠받들고 있습니다. 마쓰시타는 어떻게 그룹을 성장시키고, 경영의 신이라는 애칭을 얻게 되었을까요? 믿기지 않겠지만, 기업이란 조직의 성격을 둘로 나누고 더 우월한 기업의 실체를 만들었기 때문입니다.

1920년대 일본은 이직률이 매우 높은 나라였습니다. 당시 일본 노동자의 이직률은 현재 미국 노동자의 이직률보다 더하면 더했지 못하지 않았습니다. 왜냐하면 경영주나 노동자나 긴 안목에서 보지 않고, 매우 짧은 안목으로 기업을 생각했기 때문입니다. 그래서 경영주

는 임금을 아주 조금만 지급하였고, 노동자는 다른 데서 한푼이라도 더 준다면 언제라도 툴툴 털고 직장을 옮기기 일쑤였습니다. 언제 떠날지도 모르는 노동자를 위해 경영주가 더 많이 지원할 리가 없고, 지원이 없는 기업을 위해 남아 있을 노동자도 없었습니다. 그래서 노동자들의 이직률은 높았고 숙련도는 낮았으며, 경영주와 노동자가 서로 믿지 못하는 형편이었습니다.

바로 이때 마쓰시타 고노스케라는 인물이 나타납니다. 1910년 마쓰시타는 초등학교를 중퇴하고 수습생으로 전등 공장에 들어갑니다. 1917년 23세 때 그는 자신이 직접 고안한, 전구를 두 개 꽂을 수 있는 쌍소켓을 출시하면서 사업을 시작합니다. 그리고 35세 때 마쓰시타 전기산업를 설립하고, 그 후 전 세계적인 기업으로 성장시킵니다.

마쓰시타가 일본 경제에 끼친 가장 큰 영향은 일본의 독특한 고용제도, 즉 종신고용제도를 뿌리내리게 했다는 데 있습니다. 그의 생각은 그 이전 경영자들에 비하면 아주 색다른 것이었는데, 회사는 곧 가정과 같아서 노동자를 돌봐주어야만 그들이 마음을 편하게 먹고 최선을 다하게 된다는 것입니다. 그래서 마쓰시타는 종신고용제를 기업의 이념으로 채택하게 됩니다.

종신고용제가 실시되고, 회사에서 가정처럼 돌봐주니 그 기업에서 일하는 노동자들의 태도가 변하기 시작했습니다. 내부 경쟁이 사라지고 외부와의 경쟁에 초점을 맞추면서 생산성은 높아지고, 직원들의 충성도 역시 높아지게 되었습니다. 바로 이 마쓰시타식 경영이 일본 전국으로 구석구석 퍼지게 되어 일본식 경영 방침이 된 것입니다.

마쓰시타의 관점은 다음과 같습니다. 세상에는 두 가지 기업이 있습니다. 회사가 어려우면 직원을 해고하는 회사, 회사가 어려워도 직원을 가족처럼 여기고 같이 가는 회사. 여러분이라면 어떤 회사에서 일하고 싶겠습니까?

마쓰시타 그룹을 설립한 마쓰시타 고노스케

딤채

세상에는 두 가지 김치 냉장고가 있다. 발효과학으로 만든 것과 냉장기술로 만든 것

딤채는 1990년대 이후 국내 가전업계에서 최고로 성공한 브랜드입니다. 우리나라 사람들 밥상에 없어서는 안 될 음식인 김치를 아파트에서도 제대로 맛볼 수 있게 해주었기 때문입니다. 위니아만도가 내놓은 딤채가 성공을 거두자 경쟁사들이 반격하기 시작했습니다. 삼성전자와 엘지전자는 딤채의 출현으로 김치 냉장고의 시장 잠재성이 크다는 것을 확인한 것입니다.

경쟁사들은 자사 제품을 어떻게 홍보했을까요? "일반 냉장고나 김치 냉장고나 모두 냉장기술에서 출발한다. 냉장기술은 삼성이나 엘지가 오랫동안 연구했고, 기술력도 좋다. 더구나 값까지 저렴하다. 그러니 삼성이나 엘지가 내놓는 김치 냉장고를 사라."

이것이 경쟁사들의 의도였을 것입니다. 그래야 시장을 선점한 딤채의 우수성을 무력하게 만들고 브랜드의 힘을 이용하여 딤채를 이길 수 있기 때문입니다.

만약 경쟁 회사가 의도한 대로 시장이 흘러갔다면 어떻게 되었을까요? 소비자들은 "일반 냉장고나 김치 냉장고나 어차피 모두 냉장기술이 핵심이니, 삼성이나 엘지가 더 좋을 거야"라는 반응을 보였을 것입니다.

그런데 이때 딤채를 만드는 위니아만도는 김치 냉장고를 둘로 나누고 경쟁 회사 제품의 약점을 공략하는 방식으로 맞섭니다. "김치는 냉장기술이 중요한 게 아니라, 발효과학이 더 중요하다"는 관점을 제시하고 마케팅에 적극 활용하여 발효과학 대 냉장기술로 시장을 양분한 것입니다. 그 결과 '발효과학'은, 사람들이 딤채를 사는 가장 중요한 이유가 되었고, 이 때문에 딤채는 경쟁 회사 제품보다 더 비싸지만 그래도 가장 높은 시장점유율을 보이고 있습니다.

정리하자면 이렇습니다. 딤채는 다음과 같은 관점을 제시한 것입니다. 세상에는 두 가지 김치 냉장고가 있습니다. 발효과학으로 만든 김치 냉장고와 냉장기술로 만든 김치 냉장고. 여러분은 어떤 김치 냉장고를 선택하겠습니까? 현재까지는 발효과학이 더 많이 선택되고 있습니다. 위니아만도가 시장을 아주 지혜롭게 이끌고 있다는 증거 아니겠습니까?

유니버설 스튜디오

세상에는 두 가지 놀이동산이 있다. 안전하고 귀여운 곳과 모험을 즐기는 곳

디즈니랜드는 월트 디즈니가 1955년 미국 캘리포니아에 만든 놀이동산으로 전 세계 놀이동산의 본보기입니다. 디즈니랜드가 미국의 놀이동산을 평정한 뒤 한동안 아무도 디즈니랜드에 도전할 수 없었습니다. 왜냐하면 놀이동산이라는 게 장치 산업과 같아서, 잘되면 좋지만 실패하면 그 손해가 엄청나기 때문입니다. 디즈니가 놀이동산에서 가장 중요하게 생각한 것은 캐릭터와 롤러코스터였습니다. 저 역시 로스앤젤레스와 플로리다에 있는 디즈니랜드에 가본 적이 있는데, 아기자기한 캐릭터들과 롤러코스터가 가장 기억에 남았습니다. 그런데 아무도 엄두를 내지 못하던 참에 유니버설 스튜디오가 디즈니랜드에 도전장을 내밀었습니다.

유니버설 스튜디오가 제안한 개념은 영화에서나 볼 수 있는 장면을 직접 느끼고 모험하라는 것이었습니다. 다시 말해 〈쥬라기 공원〉을 보는 것에서 직접 경험하고 느끼는 것으로 놀이동산의 개념을 바꿔버린 것입니다. 영화 속의 공룡 섬을 만들어놓고, 걷고 타고 얘기하면서 공룡

들과 함께 모험을 하게 만들었습니다.

유니버설 스튜디오 놀이동산은 디즈니랜드보다 안전하지도 친절하지도 않습니다. 귀엽고 앙증맞은 재미보다는 뒷덜미를 탁 치는, 위험하고 흥분을 불러일으키는 놀이동산을 지향하고 있습니다. 유니버설 스튜디오에서는 피가 튀고 눈알이 튀어나오는 듯한 공간 속에 사람들을 몰아넣고, 실제로 화염과 폭발음을 경험하게 합니다.

디즈니랜드가 있는데 사람들은 왜 유니버설 스튜디오에 가고 싶어 할까요? 진짜 모험과 긴장감을 느낄 수 있기 때문입니다. 놀이동산을 보기만 하는 곳이 아니라 경험하는 곳으로 그 개념을 바꾼 것입니다. 이것이 유니버설 스튜디오가 세상에 존재하는 이유입니다.

에이비스

세상에는 두 가지 렌터카가 있다. 1등 렌터카와 2등 렌터카

거의 모든 마케팅은 자기 회사 제품이 제일 우수하다는 점을 인식시키는 것을 목표로 합니다. 그런데 렌터카 회사인 에이비스는 스스로 1등이 아니라 2등이라는 점을 알려서 시장 지위를 다진 독특한 회사입니다.

에이비스는 1952년 회사를 설립한 이래로 무려 10여 년 동안 적자에 허덕거렸고, 1962년에는 적자 규모가 125만 달러에 달했습니다. 한마디로 비전이 없는 회사였던 것이죠. 이 위기를 타개하기 위해 새

로운 광고 캠페인을 시작했고 이 광고가 세계 광고사에 길이 빛나는 캠페인인 “우리는 2등입니다We Are Number 2”입니다. 광고는 이렇게 시작합니다.

에이비스는 2등입니다. 그런데 왜 사람들은 에이비스를 이용할까요?

이 말 다음에는 이런 문장이 이어집니다. “에이비스는 2등이기 때문에 더 열심히 일하고 있어요. 저희 서비스를 이용해 보시지 않으시겠어요? 이왕 차를 빌리실 거면 당신을 위해 열심히 일하는 사람들한테서 빌리세요.”

Avis is only No.2
in rent a cars.
So why go with us?

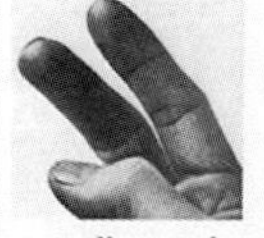

We try harder.
(When you're not the biggest, you have to.)
We just can't afford dirty ash-trays. Or half-empty gas tanks. Or worn wipers. Or unwashed cars. Or low tires. Or anything less than seat-adjusters that adjust. Heaters that heat. Defrost-ers that defrost.
Obviously, the thing we try hardest for is just to be nice. To start you out right with a new car, like a lively, super-torque Ford, and a pleasant smile. To know, say, where you get a good pastrami sandwich in Duluth.
Why?
Because we can't afford to take you for granted.
Go with us next time.
The line at our counter is shorter.

이 광고 문구는 지난 100년 동안 벌어진 광고 캠페인에서 가장 빛나는 문구로 꼽힙니다. 그런데 놀랍게도 1962년 당시 에이비스는 시장점유율 2위가 아니라 이에 훨씬 못 미치는 회사였다고 합니다. 그런데 2등이라고 외쳐대니, 일반 소비자들은 에이비스가 정말 2등 회사라고 믿어버린 것입니다.

이 캠페인으로 사람들은 에이비스를 2위 업체로 인식했으며 실제로 에이비스는 시장점유율 2위를 달성합니다. 시장을 둘로 나눠 순식간에 2위를 획득한, 통찰이 빛나는 사례입니다.

에이비스가 사용한 전략을 정리하자면 다음과 같습니다. "렌터카에는 두 가지가 있습니다. 하나는 1등인 허츠, 다른 하나는 2등인 에이비스. 우리는 2등이지만 더 열심히 합니다. 1등이 되기 위해 노력하는 사람들이 더 좋은 서비스를 제공합니다."

삼보컴퓨터 체인지업

세상에는 두 가지 컴퓨터가 있다. 바꿔주는 컴퓨터와 안 바꿔주는 컴퓨터

1997년 삼보컴퓨터는 드림시스 체인지업을 출시합니다. 당시 삼보컴퓨터 드림시스는 경쟁 제품에 견줘 별다른 차이점이 없었기에 인상을 깊이 남길 수 있는 마케팅이 필요한 상황이었습니다. 이때 들고 나온 것이 시피유CPU와 회로기판을 2년 안에 교체해준다는 전략이었습니다. 컴퓨터 산업은 하루가 다르게 발전하므로 신제품을 사도 바로 구형이 되고 마는데 이 아쉬움을 메워줄 수 있다면 시장을 주도할 수 있을 것이란 계산에서 나온 아이디어였습니다.

당시 시피유와 회로기판을 업그레이드해주는 것은 특별한 기술이 아니었고 컴퓨터를 만드는 회사라면 어떤 회사에서든 할 수 있는 일이었습니다. 다시 말해 그것은 그야말로 작은 차이일 뿐 큰 차이는 아니었다는 뜻입니다. 삼보컴퓨터는 다음과 같은 광고를 만들어 내보냈습니다.

"세상에는 두 가지 컴퓨터가 있습니다. 안 바꿔주는 컴퓨터, 바꿔주는 컴퓨터. 삼보 드림시스 체인지업."

이 광고 캠페인의 효과는 대단했습니다. 꿈쩍도 하지 않던 삼성전자의 시장점유율을 잠깐이나마 2위로 떨어뜨리는 결과를 보여주었습니다.

이 캠페인은 소비자가 컴퓨터를 살 때 생각해야 할 점을 바꿔버렸다는 데 의미가 있습니다. 이전에는 '대기업 제품이냐, 조립 피시냐'가 중요한 기준이었는데, 이 캠페인은 '바꿔주는 것이냐, 안 바꿔주는 것이냐'라는 새로운 기준을 제시한 것입니다.

사실 생각해보면, 시피유와 회로기판를 바꾸어준다는 것이 그렇게 새로운 일은 아니었습니다. 이미 그 이전부터 있던 서비스입니다. 그렇지만 삼보컴퓨터만이 시장을 둘로 나누고, 경쟁 회사를 몰아붙여 새로운 강자로 떠오를 수 있었습니다. 삼보컴퓨터가 이렇게 좋은 기회를 그 뒤로 계속해서 살리지 못한 점이 아쉬울 따름입니다.

세븐업

세상에는 두 가지 음료가 있다. 콜라와 언콜라

앞에서도 잠깐 언급했지만, 세븐업도 시장을 둘로 나누어 크게 성공한 제품 가운데 하나입니다. 하우디코퍼레이션이 레몬라임 맛 탄산음료를 내놓은 것이 1929년입니다. 그 당시 이름은 '빕-라벨 리티

에이티드 레몬-라임 소다'였다고 합니다. 무척 긴 이름이죠? 우리식으로 따지면 세븐업은 사이다에 가깝습니다.

1968년 세븐업은 다른 청량음료가 아니라 코카콜라를 공격하여 소비자들의 주의를 끌고 성장을 도모하기로 했습니다. 그래서 제품이 차지할 위치를 언콜라로 정했습니다. 코카콜라를 직접 겨냥하여 코카콜라보다 더 좋은 제품임을 알리려고 한 것입니다. 콜라에 들어 있는 카페인이 없는 건강 음료라는 점을 최대한 부각시키려는 시도였습니다.

콜라 대 언콜라라는 양대 구조로 소비자들의 기억에 깊은 인상을 남기려는 세븐업의 시도는 정확하게 들어맞아 발매 첫해에 시장을 15퍼센트나 장악하였습니다. 대단한 성공입니다. 그 뒤로도 언콜라 캠페인을 계속한 세븐업은 코카콜라, 펩시에 이어 시장점유율 3위를 달성하였고, 1978년 필립모리스에 5억 2,000만 달러라는 엄청난 액수로 인수 합병됩니다.

그런데 필립모리스는 세븐업의 장점을 살리지 못하는데, 이 과정 또한 참으로 흥미롭습니다. 필립모리스는 세븐업을 인수한 뒤 새로운 캠페인을 벌이는데, 그것은 언콜라 캠페인이 아니라 춤추고 노래하는 세븐업 광고였습니다. 시간이 지나면서 세븐업에만 있던 이미지는 옅어졌고, 과거보다 매출이 떨어집니다.

왜 이런 일이 생긴 것일까요? 필립모리스는 발랄한 이미지를 원했지만, 춤과 노래는 코카콜라가 더 잘하는 것이었기 때문입니다. 이를 흉내내는 세븐업은 점차 관심과 수요를 잃어갈 수밖에 없었습니다.

생각해봅시다. 세븐업이 세상에 존재하는 이유가 무엇입니까? 카페인이 없는 청량음료라는 것이죠. 그러니 재미를 주어도 언콜라라는 범주에서 했어야 합니다. 그런데 필립모리스는 그런 이유를 까맣게 몰랐던 것입니다.

세븐업이 성공하고 실패한 이유를 살피면 핵심은 이렇습니다. "콜라에는 두 가지가 있습니다. 카페인이 들어 있는 코카콜라, 카페인이 없는 언콜라, 세븐업." 이 메시지를 지킬 수 있을 때 성공하였고, 지키지 않았을 때 시장 수요가 줄어들었습니다.

연습하기 : 개념 이원화

• 우리나라에 새로운 음악 전문대학을 하나 세우려고 합니다. 이 음악대학의 목표는 우리나라에서 제일 훌륭한 음악교육을 하는 것입니다. 어떻게 하면 이 음악대학에 더 많은 학생이 관심을 기울이고 지원하게 할 수 있을까요? 음악대학에 대한 개념을 둘로 나누어 주목받을 수 있는 방법을 생각해보십시오.

Tip

우리나라에서는 주로 음악대학이 단과대학으로서 종합대학에 속해 있습니다만 전 세계에 이름난 줄리아드음악대학은 그렇지 않습니다. 줄리아드음악대학과 우리나라 음악대학을 직접 비교하는 것도 좋은 방법입니다. 예를 들어 "줄리아드음악대학을 넘어선다"라는 개념을 정할 수도 있을 것입니다.

• 지금 우리나라는 고령 사회로 진입하고 있습니다. 그러나 4, 50대 이상인 사람들이 누릴 문화는 별로 없는 편입니다. 거의 모든 문화 사업이 2, 30대를 대상으로 하고, 드라마나 방송도 모두 젊은 층을 겨냥하고 있습니다. 그렇지만 시간이 가면 갈수록 장년층 비중은 늘어날 것입니다. 그러면 어떻게 해야 4, 50대 이상도 즐길 수 있는 문화를 만들 수 있을까요? 4, 50대 문화에 대한 개념을 둘로 나누고 장년층 문화를 살릴 수 있는 방안을 생각해보십시오.

Tip

외국을 예로 들면, 경제 소득이 증가할수록 자신을 위해 투자하는 중장년층이 늘어납니다. 이제는 자식만을 위해 희생하려는 경향이 줄어든 것이죠. 이 점이 핵심일 수 있습니다. "자식에게 투자하는 사람, 자신에게 투자하는 사람"으로 구분하여, 이들의 결핍과 욕구를 건드릴 수 있을 것입니다.

정보의 조직화 과정

시장을 둘로 나누는 것은 시장을 변화시킬 수 있는 통찰을 얻는 데 아주 강력하며 효과적인 방법입니다. 그렇다면 왜 시장을 둘로 나누는 것이 효과적일까요?

하버드대학교 경영대학원 교수 스티븐 그레이서Stephen Greyser와 레이먼드 바우어Raymond Bauer가 함께한 연구를 보면, 미국 소비자가 하루에 보거나 듣게 되는 광고가 무려 1,500여 개에 이른다고 합니다. 그러나 소비자는 그 중 평균 76개만을 지각하고 약 12개 정도만을 기억한다고 합니다. 그 많은 광고 가운데 0.8퍼센트만이 기억되고 대부분은 정보를 처리하는 과정에 들어서기도 전에 그냥 스쳐 지나가버리는 셈입니다. 왜 1,500개에 이르는 광고 가운데 12개만 기억에 저장되고, 나머지 1,488개는 스쳐 지나가버릴까요? 이것을 이해하기 위해서는 정보 조직화를 이해해야 합니다. 앞에서도 잠깐 다루었지만, 정보 조직화 과정을 조금 더 설명하겠습니다.

외부에서 새로운 정보가 들어오면 정보는 크게 두 단계를 거치게 됩니다. 하나는 유목화 단계이고, 다른 하나는 정보 통합 단계입니다. 먼저 유목화 단계를 살펴보겠습니다.

유목화

첫 단계인 유목화는 서로 비슷한 정보를 한 구성 단위로 묶어주는 것입니다. 이는 자신의 지식 구조를 질서 있게 정돈하고자 하는 본능에서 생겨납니다. 따라서 매우 순간적이며 거의 무의식적인 과정입니다. 예를 들어 우리가 디지털 카메라에 대한 새로운 정보를 접하게 되면, 이를 카메라로 분류하느냐 컴퓨터 관련 제품으로 분류하느냐 결정하는 과정을 거치는데 이 과정이 바로 유목화입니다. 외부에서 들어온 정보를 이렇게 유목화하면 마음이 편해질 수 있습니다.

정보의 통합

두 번째 단계는 정보를 통합하는 단계입니다. 이것은 유목화한 정보를 통합하여 장기 기억으로 저장하는 과정입니다. 소비자는 방금 말씀드린 디지털 카메라를 자세히 살펴본 뒤 자신이 원래 갖고 있던 디지털 카메라와 비교해 정보를 통합하는 단계를 거치게 됩니다. 만약 새로 나온 디지털 카메라가 더 고급이라면 고급 기종에 통합할 것이고, 특별한 부가 기능이 있다면 이것을 디지털 카메라의 기능에 대한 정보에 통합할 것입니다. 유목화와 정보 통합, 이 두 단계는 편의상 구분해서 설명했을 뿐 실제로는 거의 동시에 일어납니다. 외부에서 들어온 모든 정보는 이 두 단계를 거쳐 처리됩니다. 이때 유목화나 정보 통합 과정을 거치지 않은 정보는 모두 버려집니다. 즉, 제품과 브랜드에 대한 정보는 어떤 형태로든 유목화와 정보 통합이란 과정을 반드시 거치게 되어 있습니다.

임시 기억 카테고리

시장을 둘로 구분하게 하는 것은 이런 유목화와 지식 통합 과정을 우리가 원하는 쪽으로 끌고 갈 수 있게 만듭니다. 예를 들어 컴퓨터를 '바꿔주는 컴퓨터 대對 안 바꿔주는 컴퓨터'로 유목화하도록 유도하면, 소비자는 이를 중심으로 컴퓨터를 재유목화하고, 다시 정보를 통합하게 됩니다. 이렇듯 유도된 유목화 과정을 거치며 이전에는 없던 새로운 기억 구조가 만들어집니다.

이 새롭게 조작된 기억 체계를 임시 기억 카테고리라고 합니다.

시장을 둘로 나누면 이런 임시 기억 카테고리가 더욱 강해지고, 이 임시 기억 카테고리는 스스로 기억 연결 고리를 지니게 되므로 더 많은 것이 기억됩니다. 앞서 광고 1,500개 가운데 겨우 12개만이 기억된다고 했는데, 이것은 바꿔 말하면 광고 12개만이 임시 기억 카테고리를 만드는 데 성공했고 나머지는 실패했다고도 할 수 있습니다.

기억 내용이 독자적인 임시 기억 카테고리를 지니게 되면 정보를 찾기 쉬워지고 기억률이 높아지며 저장된 내용을 다시 떠올리기 쉽습니다. 다시 말해 시장을 둘로 나누면 임시 기억 카테고리가 더 잘 만들어지고, 그에 따라 정보 통합이 쉬워지며, 기억률이 높아지고, 호감도가 증가합니다. 그래서 시장을 둘로 나누는 것이 효과적입니다. 이런 임시 기억 카테고리를 얼마나 잘 구축하느냐가 마케팅 커뮤니케이션에서 가장 중요한 문제라는 사실을 잊지 마십시오.

대조 효과

또 다른 이유도 있습니다. 소비자로 하여금 시장을 둘로 나누어 보게 하면, 두 시장 사이에 대조 효과가 발생합니다. 두 시장만을 직접 비교하게 되므로 차이점을 더욱 극명하게 인지할 수 있으며, 그에 따라 기억률이 증가하게 됩니다.

약점을 강점으로, 강점을 약점으로

약점에 주눅들 때 약점이 부각된다

앞에서 말씀드렸듯이 사람은 세상을 간명하게 구분하는 것을 좋아하기 때문에 이분법을 잘 씁니다. 그래서 사물의 성격 또한 약점과 강점으로 분류하기 좋아합니다. 그러나 세상 일이 그렇게 명확하게 구분되지만은 않습니다. 다른 관점으로 보면 약점이 강점이 되기도 하고, 강점이 약점이 되기도 합니다. 다들 아는 고사를 하나 살펴보겠습니다.

옛날에 어떤 노인 집에 건강한 말 한 필이 들어왔습니다. 돈을 주고 산 것도 아닌데, 말이 저 혼자 걸어 들어온 것입니다. 동네 사람들은 횡재했다고 축하했습니다. 그러나 노인은 그리 기쁜 낯이 아니었습니다. 어느 날 그 집 아들이 이 말을 타고 놀다 떨어져서 다리가 부러졌습니다. 동네 사람들은 안타깝게 생각했습니다. 좋은 일이 나쁜 일이 되고 말았거든요. 그런데 노인은 전혀 슬퍼하지 않았다고 합니다. 얼마 후 전쟁이 나서 젊은 남자들은 모두 군대에 끌려갔습니다. 하지만 그 집 아들은 다리를 쓸 수 없어서 전쟁에 나가지 않아도 되었습니다. 전쟁터에 끌려갔더라면 아마 살아서 돌아오기는 힘들었을지 모릅니다. 차라리 잘된 것입니다. 이 유명한 이야기에서 나온 고사성어가 새옹지마塞翁之馬입니다.

생각해봅시다. 말 한 필이 거저 생긴 것이 좋은 일일까요, 나쁜 일일까요? 좋기도 하고 나쁘기도 합니다. 어떤 때는 좋은 일로 해석되고 어떤 때는 나쁜 일로 해석되는 것입니다. 무엇이든 좋은 일이 되기도 하고 나쁜 일이 되기도 합니다. 마찬가지로 모든 일은 약점이 되기도 하고 강점이 되기도 합니다.

미운 오리 새끼 이야기도 마찬가지입니다. 오리 세계에서 백조는 아주 못생긴 새입니다. 남들과 다르게 생겼고 하는 짓도 다릅니다. 약점이 매우 많은 존재입니다. 그러니까 백조는 오리 세계에서는 열등한 존재입니다. 그러나 오리가 아니고 백조인 것은 매우 큰 강점입니다. 오리 세계에 있을 때는 깨닫지 못하지만, 그 세계에서 나오면 강점임을 알 수 있게 됩니다.

나에게 반드시 약점인 것도 없고 반드시 강점인 것도 없습니다. 상황과 맥락에 따라 바뀝니다. 약점이 있다는 생각에 주눅이 든다면 강점마저 사라지기 마련입니다. 자신이 약점이라고 여기는 부분이 있다면 움츠러들 게 아니라 당당하게 인정하면서도 그것을 강점으로 반전시키는 태도가 필요합니다.

사례 하나를 소개합니다. 어떤 영업사원이 있는데 중년에 대머리라고 합니다. 처음에는 나이 들어 보이는 외모와 대머리라는 것 때문에 영업을 잘할 수 있을지 걱정을 많이 했다고 합니다. 하지만 그 사람은 이것을 자신의 트레이드마크로 바꿨습니다. 고객을 만나면 이렇게 이야기를 시작합니다. "방금 전화로 말씀드린 대머리 영업맨입니다. 머리는 대머리지만 빛나는 광택만큼 서비스도 최고로 반짝입니다."

그 사람을 만나는 손님은 우선 그의 자신감에 감탄합니다. 그리고 그의 재치와 약점을 약점으로 여기지 않는 당당함 덕분에 분위기가 한순간에 편해집니다. 이런 방법으로 그 사람은《브리태니커 백과사전》판매왕이 되었습니다. 자신의 약점을 강점으로 아주 멋지게 바꾼 경우입니다.

이런 능력은 경영자에게도 반드시 필요합니다. 먼저 자신의 약점을 인정해야 합니다. 그래야만 자신에게 무엇이 필요한지, 어떤 인재가 필요한지 보이기 시작합니다. 약점을 인정하지 않으면 자기가 최고인 줄 알고 자기가 다 하려고 합니다. 이것은 회사가 망하는 지름길입니다. 저는 경영자의 자만심 때문에 망한 회사를 여럿 보았습니다. 자신의 약점을 인정하고 그것을 보완해줄 인재를 뽑고 활용하여 강점으로 만들 줄 아는 능력, 경영자가 반드시 갖춰야 할 중요한 능력입니다.

그런 측면에서 강철왕 앤드류 카네기Andrew Carnegie는 참으로 대단한 사람입니다. 카네기는 자신의 묘비에 다음과 같은 묘비명을 남겼습니다.

"여기, 자기 자신보다 더 우수한 사람을 어떻게 다루어야 하는지 아는 사람이 누워 있다."

경영자는 만능 전문가가 아닙니다. 다만 자신의 강점과 약점을 정확히 이해하고, 뛰어난 능력을 갖춘 주변 사람들을 활용하여 약점을 채워 나가는 사람입니다. 명백한 약점은 없습니다. 약점이라 하더라도 이를 잘 활용하면 훌륭한 강점으로 변화시킬 수 있습니다. 그러면 놀라운 통찰이 일어나게 됩니다.

약점을 개선하기보다 강점을 강화하라

흔히 사람들은 자신의 부족한 점을 찾아 개선하려고 애를 씁니다. 예를 들어 외국어가 부족한 사람은 외국어를 잘해보려고 노력하고, 외모가 부족하다고 생각하면 외모를 개선하기 위하여 부단히 노력합니다. 그래서 요즘은 남녀 가릴 것 없이 성형수술이 유행하고 있습니다.

그러나 이렇게 약점을 보강하려는 노력이 얼마나 효과 있을까요? 이는 매우 중요한 질문입니다. 결론부터 얘기하자면, 약점은 과감하게 포기하고 강점을 키우는 것이 더 좋을 수 있습니다. 즉 어디에 주력할 것인지가 핵심입니다.

물론 자신의 부족한 부분을 메우는 것은 중요한 일입니다. 그러나 그렇게 하면 전체적으로 평균에 가까운 사람이 되기 쉽습니다. 반면에 자신의 강점에 더 주력하면 특정 분야에서 반드시 두각을 나타내게 될 것입니다. 두루두루 평범한 사람이 낫겠습니까, 특정한 분야에서 두각을 나타내는 사람이 낫겠습니까? 후자가 훨씬 더 낫습니다.

예를 들어보겠습니다. 눈먼 소년이 한 명 있었습니다. 그 소년은 앞이 안 보이기 때문에 친구들과 뛰어놀 수 없었고 늘 혼자 지냈습니다. 그야말로 대단한 약점을 가진 것이죠.

그런데 이 소년의 인생에 큰 전환점이 되는 사건이 하나 일어났습니다. 교실에 쥐가 한 마리 나타난 것입니다. 교실은 순식간에 난장판이 되었습니다. 쥐를 잡기 위해 선생님과 학생들이 야단법석을 떨었지만 아무도 그 쥐가 어디로 숨었는지 알지 못했습니다. 그런데 눈은 보이지 않지만 귀가 아주 밝은 이 학생은 쥐가 벽장 속에 숨어 있다는 것을 알아챘고 덕분에 쉽게 쥐를 잡을 수 있었습니다. 수업이 끝난 뒤 선생님은 눈먼 아이를 불러 이렇게 칭찬했습니다.

"너에게는 놀라운 능력이 있구나. 네 귀는 정말 특별하구나!"

이 말이 이 소년의 인생을 바꾸어놓았습니다. 소년은 자신의 강점인 밝은 귀를 활용해서 인생을 살아야겠다고 결심합니다. 이 소년이 바로 위대한 팝 음악가 스티비 원더Stevie Wonder입니다.

스티비 원더의 이야기는 약점을 보강할 것이냐, 강점을 키울 것이냐에 대해 적절한 답이 될 수 있을 것입니다. 스티비 원더는 자기 몸이 약점투성이라고 체념하지 않고 자신만의 강점을 발견하여 눈부신 성공을 이룬 것입니다. 이처럼 약점이 강점이 되기도 하고 강점이 약점이 되기도 합니다. 정작 중요한 것은 자기 약점을 어떻게 바라볼 것이냐 하는 점입니다.

아인슈타인을 생각해볼 수 있을 것입니다. 지금이야 아인슈타인을 위대한 과학자라 평가하지만, 어렸을 때는 거의 모든 과목이 낙제 수준이었습니다. 만약에 아인슈타인이 성적이 낮은 과목을 보강하는 데 집중하였다면 어떻게 되었을까요? 아마 평범한 사람이 되었을 것입니다. 그러나 아인슈타인은 그렇게 하지 않았습니다. 자신의 강점인 수학과 물리학에 집중했고, 그 덕분에 가장 위대한 과학자로 역사에 이름을 남길 수 있었습니다.

지금껏 자기 분야에서 일가를 이룬 사람들을 생각해봅시다. 이 사람들이 자신의 약점을 보강하는 데 더 많은 힘을 쏟았겠습니까, 아니면 자신의 강점을 갈고닦는 데 더 많은 힘을 쏟았겠습니까?

현대는 과거보다 경쟁이 훨씬 더 심한 시대입니다. 1990년대만 해도 이른바 일류 대학만 나오면 취직은 문제가 없었습니다. 지금은 어떤가요? 일류 대학을 나와도 강점이나 특징이 없으면 취직하기가 쉽지 않습니다. 자신의 약점을 과감히 포기하고 강점을 드러내는 방법을 택해야 하는 이유가 여기에 있습니다. 하지만 여전히 '약점을 내버려두어야 하는가?' 라는 물음이 남습니다.

약점에는 두 가지가 있습니다. 치명적인 약점이 있고, 적당한 약점이 있습니다. 치명적인 약점은 내버려두면 위험합니다. 반드시 고쳐야 합니다. 예를 들어, 다른 사람에게 손해를 끼친다든지 사회질서를 무너뜨리는 행동을 한다든지 하면 심각한 문제가 됩니다. 그러나 적당한 약점은 강점이 부각되면 자연스럽게 없어지거나 좋은 쪽으로 이끌어질 수 있습니다. 치명적인 약점인 아니라면 내버려두는 것도 좋은 방법이라고 할 수 있을 것입니다.

그럼 지금부터 약점을 강점으로 변환시켜 통찰을 이끌어낸 사례들을 살펴보겠습니다.

보졸레 누보, 하급품이 신선한 햇포도주가 된 사연

최근 주위에 포도주를 즐기는 사람들이 많아지면서 포도주의 종류와 풍미에 대한 이야기를 자주 듣게 됩니다. 포도주가 좋은 맛을 내려면 보통 2~6년 정도 숙성해야 합니다. 화이트 와인은 4~6년, 레드 와인은 5~15년, 로제 와인은 2~3년 정도가 적당하다고 합니다. 이 정도는 숙성해야 포도주가 제 맛을 냅니다. 그렇기 때문에 1년도 안 된 와인은 등급이 낮은 포도주입니다. 실제로 보졸레 지방을 제외한 다른 지방에서는 1년이 안 된 포도주를 하급품으로 취급하여 잘 마시지 않으려는 경향이 있습니다.

그러니까 1년이 안 된 포도주는 제대로 숙성하지 않은 하급품인 것이고, 이 점은 숙성이 생명인 포도주에는 상당히 큰 약점입니다. 그런데 이 하급품 가운데서도 이름 있는 포도주가 있으니, 바로 보졸레 누보입니다. 보졸레 누보는 프랑스 남부 보졸레에서 그해 딴 포도로 빚은 햇포도주를 말합니다. '가메'라는 포도를 9월 초에 수확하여 4~6주 짧은 기간 동안 숙성시키고 다른 포도주와 달리 발효 즉시 출시합니다. 깊은 맛은 없지만 풋풋하면서도 신선한 맛이 두드러집니다.

보졸레 누보를 상업적으로 마케팅한 사람은 조르주 뒤뵈프Georges Duboeuf인데, 1년이 안 된 햇포도주라는 점을 오히려 보졸레 누보의 강점으로 홍보했습니다. 전 세계 매장에서 동시에 판매한다는 아이디어도 보졸레 누보를 더욱 널리 알리는 데 한몫했습니다. 이제 전 세계 사람들은 보졸레 누보를 마시기 위해 11월 셋째 주 목요일을 목이 빠지게 기다리고 있습니다.

기존 약점 포도주는 숙성이 생명이라 1년이 안 된 것은 하급품이다.

바뀐 강점 보졸레 누보는 그해 첫 수확한 포도로 만들어 맛이 상큼하고 신선하다.

발효와 부패는 종이 한 장 차이

인간이 만들어낸 통찰 가운데 발효만큼 위대하고 멋진 사례는 없을 것입니다. 《표준국어대사전》에서 '발효'를 찾아보면 "효모나 세균 따위 미생물이 유기 화합물을 분해하여 알코올류, 유기산류, 탄산가스 따위를 생기게 하는 작용"이라 정의하고 있습니다. 복잡하게 설명돼 있지만 간단히 말하자면, '부패'와 다르지 않습니다. 그런데 부패에도 나쁜 게 있고 좋은 게 있습니다. 그 가운데 발효는 잘 썩은 것을 말합니다.

부패와 발효는 종이 한 장 차이입니다. 인간이 처음으로 만든 발효 음식은 꿀술이라고 합니다. 벌꿀 통에 있는 꿀은 부패하지 않습니다. 그런데 비가 와서 습기가 차면 그 내용물이 변하기 시작합니다. 다시 말해 발효가 일어나는 것입니다. 이 과정은 부패하는 과정과 같지만, 좋은 쪽으로 변하는 것입니다. 그 결과 꿀술이 탄생합니다. 이것을 마신 사람은 기분이 좋아지는 것을 느끼게 됩니다. 부패는 치명적인 약점이지만, 이것을 적절한 수준에서 관리하면 발효가 됩니다. 즉 강점으로 반전될 수 있는 것입니다.

우리나라 음식은 대부분 발효 음식입니다. 우리나라 사람들은 생선도 발효시키고 오이도 발효시키고 온갖 채소도 발효시켜 먹습니다. 발효 음식은 맛이 좋고 소화가 잘되고 몸에도 이롭습니다. 그래서 우리나라 음식은 세계가 인정하는 건강 식품입니다. 김치는 이미 건강 음식으로 꼽히고 있고, 간장, 고추장, 된장 모두 훌륭한 음식으로 인정받고 있습니다.

발효를 다른 말로 숙성이라고도 합니다. 쇠고기도 숙성해야 제일 좋은 맛이 납니다. 돼지고기나 채소도 마찬가지입니다. 그런데 발효는 조금만 잘못하면 먹을 수 없는 완전 부패로 넘어가기도 합니다. 부패는 약점이지만 발효는 강점인 것입니다.

기존 약점 음식을 오래 두면 썩는다.

바뀐 강점 부패를 잘 관리하여 발효로 변화시키면 맛있고 몸에 좋은 음식이 된다.

사람들이 지나다닌 곳이 길이 된다

발터 그로피우스Walter Gropius는 유명한 건축가입니다. 그는 현대 조형예술의 산실인 바우하우스를 세웠고, 40여 년에 걸쳐 위대한 건축물을 만들어낸 사람입니다. 천재적인 건축가였던 그로피우스도 디즈니랜드를 지을 때 고민에 빠진 적이 있습니다. 다른 구조물은 거의 다 지었지만, 디즈니랜드 안에 길을 어떻게 낼 것인지 아이디어가 떠오르지 않았던 것입니다.

그러던 어느 날 그로피우스는 프랑스에 출장을 가게 됐습니다. 그곳은 그야말로 온 동네가 포도원으로 유명한 지역으로, 포도를 사러 오는 사람들도 많았습니다. 농부들은 포도를 따서 길가에 내놓고 사람들에게 팔고 있었습니다. 하지만 길가에서 포도를 사는 사람은 별로 눈에 띄지 않았습니다.

그런데 그로피우스가 다른 포도원에 이르자 수많은 자동차들이 줄지어 서 있는 것을 보게 됐습니다. 그곳은 아무도 지키는 사람이 없는 포도원으로 길가에 있는 함에 5프랑을 넣으면 얼마든지 포도를 따갈 수 있는 곳이었습니다. 사실 이 포도원의 주인은 몸이 불편한 노부부인데 포도를 따기 힘들어 이런 아이디어를 낸 것이었습니다.

그로피우스는 사람들이 자유롭게 포도를 딸 수 있게 한 노부부의 아이디어에서 영감을 얻어 디즈니랜드에 활용하기로 했습니다. 숙소로 돌아간 그는 시공 팀에 길을 내기로 한 곳에 잔디 씨를 뿌리고 예정보다 일찍 개방하라고 지시했습니다.

시간이 지나면서 잔디 씨를 뿌린 곳은 파릇파릇한 잔디로 뒤덮였고, 곧 사람들 발길에 따라 작은 오솔길이 생겼습니다. 일정한 모양은 아니었지만 넓은 길과 좁은 길이 조화를 이루면서 아주 자연스럽게 난 길이었습니다. 그 다음해 그로피우스는 이 오솔길을 인도로 만들었습니다. 이 길은 1971년 런던에서 열린 국제조경건축 심포지엄에서 가장 훌륭한 내부 도로 설계라는 평가를 받게 됩니다.

완성되지 않은 잔디밭을 사람들이 먼저 밟게 하는 것은 상식에 어긋납니다. 왜냐하면 잔디밭이 완성되기 전에 잔디가 다 상할 것이기 때문입니다. 이 약점을 그로피우스는 강점으로 변모시킨 것입니다. '먼저 밟게 하자. 그러고 나서 길을 만들자!' 참으로 멋진 통찰이 아닐 수 없습니다.

기존 약점 완성되지 않은 잔디밭을 사람들이 돌아다니면 잔디가 상한다.

바뀐 강점 사람들이 밟고 다닌 흔적이 가장 자연스러운 길이다.

인터넷으로 주문하는 다이아몬드

인터넷 쇼핑몰에서 다이아몬드를 살 사람은 별로 없을 듯합니다. 수백만 원에서 수천만 원에 이르는 다이아몬드를 보지도 않고 살 사람이 어디 있겠습니까? 다시 말해 인터넷과 다이아몬드는 궁합이 맞지 않는다는 얘기죠. 그러나 이런 통념을 과감히 깨버린 회사가 있는데 다름이 아니라 온라인 보석상 블루나일입니다.

블루나일은 1999년에 설립된 보석 회사인데 특이하게도 온라인으로 보석을 판매합니다. 올해로 10년째인 젊은 회사인데도 매출 규모가 세계 3위 수준이라고 합니다. 1837년 사업을 시작해 보석 회사로는 세계에서 가장 역사가 깊은 티파니에 약간 뒤지는 매출 규모라고 합니다. 티파니가 170년 동안 이룬 성과에 견준다면 그 성장 속도가 대단합니다. 더군다나 재미있는 것은 오프라인 매장을 갖춘 보석 회사의 평균 판매 가격은 2,700달러인데 블루나일의 평균 판매 가격은 5,500달러라고 합니다. 거의 두 배가 넘는 수준입니다.

도대체 무슨 이유로 블루나일이 이렇게 빨리 성장할 수 있었을까요? 가장 큰 원동력은 재고 비용과 간접 비용을 줄여 경쟁 회사보다 평균 35퍼센트 싸게 판다는 점입니다. 블루나일은 오프라인 매장을 내지 않고 사무실 하나 작은 창고 하나만 있으니 비용이 다른 회사보다 덜 들 것입니다. 그래서 다른 보석 회사보다 그렇게 큰 폭으로 저렴한 가격에 팔 수 있습니다. 물론 그 대신 철저히 제품 품질을 보증해주고 배송도 100퍼센트 책임집니다. 품질 보증이 확실하고 배송은

블루나일의 최고경영자 마크 베이든

안전하고 값은 싸니, 손님이 몰리고 승승장구할 수 있었던 것입니다.

생각해보십시오. 인터넷에서 다이아몬드를 팔 수 있다고 누가 생각했겠습니까? 중대한 약점을 오히려 대단한 강점으로 바꾸어버린 블루나일의 안목에 감탄하지 않을 수 없습니다.

기존 약점 인터넷으로 다이아몬드를 판다는 것은 상식 밖이다.

바뀐 강점 인터넷 판매이기 때문에 유통 비용, 재고 비용, 간접 비용을 줄여 좋은 제품을 평균 35퍼센트 싸게 팔 수 있다.

단상에서 내려온 과학

이미 존재하는 개념을 전혀 다른 관점으로 다뤄도 다른 사람들의 주의를 끌 수 있습니다. 지금 소개할 사례도 그렇습니다. 노벨상을 재미있게 흉내낸 상이 있습니다. 바로 이그노벨상Ig Nobel Prize으로 '품위 없는ignoble'이란 단어와 노벨상Nobel Prize을 합쳐놓은 말입니다. 이 상은 하버드대학교 과학 잡지사에서 매년 시상하는 상으로 재미있게도 다시 할 수도 없고 해서도 안 되는 연구에 주는 상이랍니다. 그래서 엽기 노벨상이라고도 불립니다.

지금까지 단체 사진을 찍을 때 모두 눈을 뜨고 있는 사진을 찍는 방법, 딸꾹질을 쉽게 멈추게 하는 방법, 딱따구리에게 뇌진탕이 없는 이유, 이런 연구가 상을 받았습니다.

아주 심한 딸꾹질을 멈추게 하려면 어떤 방법이 좋을까요? 그 연구 결과를 살펴보겠습니다. 미국 테네시대학교 의과대학 프랜시스 페스마이어Francis Fesmire 교수가 실제로 연구해 발표했습니다. 그가 만난 환자는 72시간 동안 계속해서, 무려 1분에 30회 이상 딸꾹질을 하고 있었습니다. 페스마이어 교수는 다양한 방법을 시도했지만 모두 실패하였고, 마지막으로 처방한 것이 직장 마사지였습니다. 손가락을 항문에 넣고 직장을 마사지했는데 놀랍게도 환자가 딸꾹질을 멈추었습니다. 페스미이어 교수는 이 연구를 발표했고 2006년 이그노벨 의학상을 받았습니다.

캘리포니아주립대학교 필립 메이Philip May와 이반 슈왑Ivan Schwab 교수

딱따구리 연구로 이그노벨 조류학상을 수상한 이반 슈왑 교수

는, 딱따구리가 하루에 1만 번 이상 나무를 부리로 쪼는데도 어떻게 머리가 멀쩡할 수 있을지 연구했습니다. 두 사람은 딱따구리의 머리에 스펀지처럼 탄력 있는 뼈가 있어 뇌를 보호한다는 것을 발견했고, 나무를 쪼는 순간에 눈꺼풀이 눈동자를 감싸 보호한다는 사실도 밝혀냈습니다. 두 사람도 2006년 이그노벨 조류학상을 받았습니다.

일상에서 흔히 접하게 되는 가벼운 주제들을 진지하게 연구하는 과학자들이 이그노벨상을 받습니다. 이그노벨상은 사람들이 지루하고 딱딱하게 여기는 과학을 재미있고 어렵지 않은 학문으로 느낄 수 있도록 기발한 연구를 널리 알리는 구실을 하는 셈입니다.

기존 약점 과학은 일반인들에게는 어렵고 지루하게 느껴진다.

바뀐 강점 권위 있는 상을 비틀어 친근하고 재미있는 학문으로 사람들에게 다가간다.

마음대로 차를 부딪치라

1920년대는 미국에서 너도나도 한 대씩 자동차를 사는 때였습니다. 자동차가 많아지면서 자동차 운행과 관련해 다양한 제도가 생기고 법령이 시행되었습니다. 지금도 그렇지만 그때도 사고가 나지 않는 것이 가장 중요했습니다. 사고가 나면 사람이 다치고 이런저런 손해를 볼 수밖에 없기 때문입니다.

모든 사람들이 자동차끼리 부딪치면 안 된다고 생각할 때, 다른 사람들과는 전혀 다른 관점으로 오히려 마음껏 부딪치게 만들자고 생각한 사람이 있었습니다. 그는 가스통 르베르숑Gaston Reverchon이란 사람입니다. 이 사람은 1927년 프랑스 파리 교외에서 마음대로 부딪칠 수 있는 자동차, 범퍼카를 만들어놓고 장사를 시작했습니다. 범퍼카는 이렇게 세상에 나왔습니다.

지금도 놀이동산에 가보면 범퍼카에 가장 많은 사람들이 몰립니다. 어디를 가도 마음대로 부딪칠 수 있는 곳이 거의 없는데, 이곳에서는 원하는 대로 부딪칠 수 있기 때문이죠. 아마 끌리지 않는 사람이 없을 것입니다. 범퍼카는 시작부터 인기가 높았고 제2차 세계대전이 끝난 뒤에는 기술과 디자인이 더 좋아져, 전 세계 놀이동산에 빠져서는 안 될 놀이기구가 되었습니다.

참 재미있습니다. 모든 사람이 자동차는 부딪치면 안 된다고 생각할 때, 가스통 르베르숑은 마음껏 부딪치고 싶어하는 욕구를 발견하고 이를 사업으로 발전시킨 것입니다. 그의 통찰에 찬사를 보냅니다.

기존 약점 차가 부딪치면 사람이 다치고 손해가 이만저만이 아니다.

바뀐 강점 마음껏 차를 부딪칠 수 있는 장소를 제공하면 사람들이 좋아하고 즐겨 찾는다.

맞수들의 전쟁

코카콜라와 펩시콜라는 지난 수십 년 동안 맞수였습니다. 시장에 먼저 나와 기선을 잡은 브랜드는 코카콜라였습니다. 코카콜라가 시장을 주도할 수밖에 없었던 이유가 많은데 그 가운데 하나는 손에 딱 맞춤한 병 모양이었습니다. 디자인을 여성의 몸매에서 따왔다는 소문이 나면서 코카콜라 병은 다른 회사에는 없는 중요한 경쟁력을 갖게 되었습니다. 펩시콜라로서는 넘을 수 없는 한계였습니다.

그런데 펩시콜라가 이 약점을 강점으로 만들면서 코카콜라를 추격하기 시작합니다. 1930년대에 펩시콜라는 대공황으로 가격에 민감해진 소비자들에게, 같은 값(5센트)으로 두 배(12온스)를 마실 수 있는 큰 병을 만들어 파는 것으로 공격을 시작합니다. 손에 딱 맞는 크기인 6.5온스짜리 코카콜라 병은 코카콜라의 상징이었기 때문에 섣불리 12온스짜리 큰 병으로 바꿀 수 없다는 점을 노렸습니다. 이 예상은 그대로 맞아떨어졌습니다. 펩시콜라의 저가 공세는 상당히 큰 효과를 냈습니다. 펩시콜라는 코카콜라의 최대 강점인 독특한 병 모양에서 코카콜라의 최대 약점을 찾아낸 셈입니다. 그 뒤 제2차 세계대전을 거치면서 펩시콜라는 확고한 기반을 닦아 코카콜라의 강력한 경쟁자가 됩니다.

1970년대에 들어서면서 펩시콜라는 다시 한 번 코카콜라의 강점을 약점으로 만드는 두 번째 공격에 성공하는데 이것은 바로 '젊은 세대 캠페인Young Generation Campaign' 입니다. 코카콜라의 강점 가운데 하나가 펩시콜라보다 역사가 깊다는 점입니다. 이것은 코카콜라가 지닌 확실한 강점이었지만, 뒤집어보면 오래되었다는 약점이 될 수도 있습니다. 실제로 당시 소비자들을 분석해보니, 나이가 많은 소비자일수록 코카콜라를 더 좋아하고 젊은 사람들은 펩시콜라를 더 좋아하더란 것입니다.

그래서 코카콜라를 마시는 사람은 '진보에 뒤지고 감각에서 뒤지는 오래된 세대' 로 보이게 하고, 펩시콜라를 마시는 사람은 '젊고 시대를 앞서가는 세대' 로 보이게 하는 광고를 시작합니다. 당연히 광고에는 항상 젊고 매력적인 스타를 모델로 등장시켰습니다. 이것이 바로 '새로운 세대의 선택The Choice of a New Generation' 이라는 캠페인이었고, 이 캠페인 또한 크게 성공합니다.

펩시콜라는 코카콜라에 견주면 작은 회사였습니다. 그러나 코카콜라에 맞서 시장을 확보해 나가는 데 성공하였습니다. 무엇이 핵심일까요? 코카콜라의 결정적 강점을 약점으로 만들어버리고 자신의 약점을 강점으로 만든 것입니다.

코카콜라의 강점 코카콜라의 고유한 병 모양, 오랜 역사

코카콜라의 바뀐 약점 양이 적다. 오래되고 늙은 브랜드다.

펩시콜라의 바뀐 강점 양이 많다. 젊고 시대를 앞서가는 브랜드다.

순도 100퍼센트 디지털

이번에는 우리나라 회사가 벌인 마케팅 가운데서 하나 뽑았습니다. 지금은 에스케이텔레콤에 합병되었지만, 1996년과 1997년 2년 동안 대단한 반향을 일으킨 신세기통신의 마케팅입니다. 신세기통신 017이 내세운 콘셉트는 '젊은 이동 전화'였습니다. 원래 에스케이텔레콤은 한국이동통신서비스주식회사라는 이름으로 1984년 3월 출범했고 신세기통신은 1994년 5월에 설립되었습니다. 무선통신은 기술이 중요한 사업이기 때문에 역사가 짧은 회사는 기술과 서비스가 떨어질 수밖에 없습니다. 누가 봐도 에스케이텔레콤이 우세하고 신세기통신이 불리한 싸움이었습니다.

그런데 신세기통신에서 '젊은 이동전화 017'을 들고 나왔습니다. 최신 기술로 무장한 100퍼센트 디지털 통화, 젊은 통화를 주장한 것입니다. 무슨 일이 벌어졌는지 기억하십니까? 새로운 가입자 가운데 과반수가 신세기통신 017을 선택했습니다. 엄청난 일이 벌어진 것입니다.

사람들은 이렇게 생각했습니다. '그렇지. 디지털이니까 아무래도 신기술을 채택한 회사가 낫겠지. 젊은 이동전화가 늙은 이동전화보다 좋을 것 같은데…….' 에스케이텔레콤에서는 난리가 났습니다. 017이 젊다고 하니 자기들은 졸지에 늙은 이동전화가 되어버렸고, 017이 100퍼센트 디지털이라고 하니 자기들은 순식간에 아날로그가 되어버린 것입니다. 신세기통신은 에스케이텔레콤의 강점인 기술과 역사를 낡고 오래된 것으로 몰아붙였고 자신을 첨단 기술을 갖춘 젊은 회사로 인식시키는 데 성공한 것입니다.

011의 강점 첫 이동전화, 기술력, 전통

011의 바뀐 약점 오래되고 낡은 아날로그 브랜드

017의 바뀐 강점 젊고 100퍼센트 디지털인 브랜드

연습하기 : 약점과 강점의 반전

• 2008년 현재 우리나라가 처한 형국이 샌드위치 신세라고 얘기합니다. 일본이 자랑하는 기술력과 중국이 내세우는 싼 노동력 사이에 끼어 이러지도 저러지도 못하는 모습이라는 것이죠. 그렇다면 지금 우리나라가 놓인 처지를 약점이라고 할 수 있겠는데, 이것을 강점으로 바꿀 수도 있지 않을까요? 어떻게 하면 좋겠습니까? 생각해보십시오.

Tip

과거에 스위스는 지금 우리나라 못지않게 주변 강대국 사이에 끼어 어려움이 많던 나라였습니다. 지난 1,000년 동안 이웃 나라에 자주 침략당해 숱한 고통을 겪었고 1, 2차 세계대전 때도 아주 힘들게 중립을 지킬 수 있었습니다. 그러나 지금은 중립국이라는 점을 내세워 세계에서 가장 부강한 나라가 되었습니다. 스위스는 사방이 강대국에 둘러싸여 있다는 약점을 오히려 강점으로 바꿔놓은 것입니다.

같은 관점에서 먼저 우리나라에만 있는 절대 강점이 무엇인지 제대로 살펴봐야 합니다. 우리나라 사람은 전 세계에서 빠르기로 유명합니다. 말도 빠르고 밥 먹는 것도 빠르고 걷는 것도 빠르지만 배우고 익히는 데도 빠릅니다. 이것을 절대 강점으로 만들어야 합니다. 이 강점을 살리면 전 세계 마케터들이 우리나라를 중요한 마케팅 전략을 시험해볼 시장으로 삼으려 할 것입니다.

우리나라는 동서가 만나는 곳에 자리잡고 있습니다. 나라와 나라 사이에서 무역의 중심지가 될 수 있습니다. 이것 또한 매우 중요한 강점입니다. 뿐만 아니라 우리나라는 전쟁과 평화가 엇갈리는 중심에 있습니다. 한반도 허리를 가로지르는 비무장지대는 전쟁과 평화를 상징하는, 세상에 둘도 없는 곳입니다. 이를 잘 활용하면 전 세계의 주목을 받을 수 있습니다.

마지막으로 우리는 일본만 이길 생각을 하면 됩니다. 우리가 뒤처지니까 중국이 쫓아오는 듯 보이는 것이지, 일본의 기술과 서비스만 잡으면 중국은 저절로 따돌릴 수 있습니다. 무엇으로 일본을 잡을지 생각해봐야 할 시점입니다.

• 고대 그리스 철학자인 소크라테스에게는 소문난 악처가 있었습니다. 그 소문난 악처 크산디페는 시도때도 없이 소크라테스를 구박했습니다. 어느 날 누군가 소크라테스에게 물었습니다. "당신은 지혜로운 사람인데, 집에서는 그렇지 않은가 보군요." 아주 곤란한 질문이 아닐 수 없습니다. 소크라테스는 어떤 말로 이 곤경을 넘겼을까요? 약점을 강점으로 바꾼다는 관점에서 어떤 대답이 가능한지 생각해보십시오.

Tip

소크라테스는 실제로 다음과 같이 말했다고 합니다.

"집에서 이런 어려움도 참는데, 밖에 나가면 그 어떤 어려움을 못 참겠소?"

+α 정보 5

강점을 최대한 살려야 핵심 경쟁력이 생긴다

약점에서 바뀐 강점이든 원래부터 있던 강점이든 그것을 하나로 엮으면 아주 강력한 핵심 경쟁력이 됩니다. 핵심 경쟁력이란 나에게만 있는 경쟁력을 말합니다. 다른 사람에게는 없고 나에게만 있는 강점입니다.

앞에서 말씀드린 사례 가운데 스티비 원더에게는 음악에 재능이 뛰어나다는 핵심 경쟁력이 있습니다. 세계적인 축구 선수인 티에리 앙리나 데이비드 베컴에게도 축구를 잘한다는 핵심 경쟁력이 있습니다. 물론 박지성 선수도 마찬가지입니다. 농구 선수 마이클 조던, 시인 마야 안젤루, 화가 파블로 피카소 같은 사람들도 자신만의 핵심 경쟁력이 있는 이들입니다.

강점을 최대한 살리면 핵심 경쟁력이 생깁니다. 이것은 성공하는 데 아주 중요한 요소입니다. 그런데 이런 말을 하면, 그렇게 뛰어난 핵심 경쟁력을 갖춘 사람들, 어떤 분야에서 따라갈 수 없는 능력을 갖춘 사람들은 나와 다르다고 말하는 이들이 많습니다. 최고로 성공한 그 사람들은 자신과 완전히 다른 특별한 존재라고 생각하는 것입니다. 그러나 그렇지 않습니다. 그 사람들은 우리와 전혀 다르지 않습니다. 아니 오히려 우리보다 더 못했던 사람들도 있습니다.

마이클 조던은 어렸을 때 농구 실력이 평범했다고 합니다. 중학교 때는 농구부에서 쫓겨날 정도로 형편없었다고 합니다. 그러나 끊임없는 노력으로 결국 농구 황제가 된 것입니다. 마야 안젤루 또한 어린 시절을 아주 불우하게 보냈습니다. 8살 때는 엄마 남자친구에게 성폭행을 당해 그 충격으로 5년 동안 말을 하지 못했습니다. 그러나 안젤루는 과거를 극복하고 위대한 시인으로 거듭났습니다.

피카소 이야기 하나 하겠습니다. 피카소가 그림 그리는 것을 보고 있던 어떤 미술 애호가가 감탄하며 말했습니다.

"이렇게 위대한 작품을 이토록 짧은 시간에 그릴 수 있는 당신은 정말 대단합니다."

그랬더니 피카소가 다음과 같이 말했답니다.

"당신은 지난 40년 동안 내가 작품 활동해온 것을 전혀 보지 못했군요."

이 말이 무슨 말이겠습니까? 세상에 공짜로 얻을 수 있는 것은 하나도 없습니다.

대가 없이 얻을 수 있는 것은 없다

다시 말씀드리지만 강점을 최대로 살려 핵심 경쟁력을 갖춰야 합니다. 그런데 이것을 어떻게 갖출 수 있을까요? 그것은 고심하고 노력해야 얻을 수 있습니다. 세상에 공짜로 얻을 수 있는 것은 아무것도 없습니다. 태어날 때부터 누구에게는 있고 누구에게는 없는 그런 능력은 없습니다. 오로지 스스로 연습하고 노력해서 자기 것으로 만들어야 합니다.

마지막으로 더 중요한 사실은 우리에게는 이미 그렇게 할 수 있는 자질이 충분히 있다는 것입니다. 다만 이를 실현하지 못했을 뿐입니다. 반드시 자신의 강점을 갈고닦아 핵심 경쟁력으로 만들어야 할 것입니다.

다른 분야에서 성공한 사례를 보고 배우라

벤치마킹으로 실패할 확률을 줄이라

나날이 경쟁이 치열해지는 사회에서는 실수를 하지 않는 것이 매우 중요합니다. 그래서 실수를 막을 수 있는 다양한 아이디어가 필요한데, 혼자 내놓는 생각만으로는 한계가 있기 때문에 다른 기업이나 개인이 어떻게 성공했는지 참고하기도 합니다. "적을 알고 나를 알아야 백전불태"라는 말이 있듯이 다른 기업이나 개인이 어떻게 성공했는지 잘 분석하면 자신에게 꼭 필요한 약이 되며 실수를 막을 수 있습니다. 이것을 위해 흔히 사용하는 방법이 벤치마킹benchmarking입니다.

간단히 말해서 벤치마킹은 '성공 사례 연구'라고 할 수 있습니다. 성공 사례를 연구해서 그 핵심을 가져오는 것입니다. 기업이나 개인이 새로운 일을 시작할 때, 실패할 확률을 줄이기 위해서 비슷한 일을 시도한 다른 회사는 어떻게 성공할 수 있었는지 사례를 살펴보고 가장 안전한 방법을 선택하려는 기법을 말합니다.

벤치마킹은 강물이나 바닷물의 높낮이를 측정하는 기준점을 뜻하는 벤치마크benchmark에서 나온 말입니다. 다른 말로는 수준점水準點이라고도 합니다. 그러므로 벤치마킹이라는 것은 어떤 기준점을 잡고, 나는 어떻게 할 것인지 결정하는 것을 뜻합니다. 많은 기업들이 프로젝트를 시작할 때 대부분 벤치마킹을 하는데, 대개 그 대상을 세계 초일류 기업이나 브랜드로 잡습니다.

어떻게 보면 벤치마킹과 모방은 같은 것으로 생각하기 쉽습니다. 앞선 경쟁자를 살펴본다는 측면에서는 유사하기도 합니다. 그러나 두 개념에는 분명한 차이가 있습니다. 모든 것을 따라 하면 모방에 지나지 않지만, 성공한 요인을 찾아내어 나에게 맞게 변형해서 적용한다면 벤치마킹에 해당합니다. 다시 말해, 외형을 따라 하면 모방이고, 노하우를 배워서 핵심을 적용하는 것은 벤치마킹이라고 할 수 있습니다.

경영에 벤치마킹이라는 용어가 처음 사용된 것은 1982년입니다. 1982년 미국 뉴욕에서 열린 제록스의 교육 · 조직 개발 전문가 모임에서 처음으로 쓰였습니다. 제록스는 1970년대 말 미국 시장점유율이 80퍼센트에 달했습니다. 그러나 일본 제품들이 밀려오면서 시장점유율이 30퍼센트 이하로 떨어지는 위기를 맞게 됩니다. 제록스로서는 도대체 바다 건너 멀리에서 온 제품이 어떻게 미국에서 만든 제품보다 싸고 더 잘 팔리는지를 이해할 수 없었습니다.

제록스는 직원들을 일본으로 보내 일본 기업이 성공한 비결을 하나하나 비교 · 분석하기 시작했습니다. 결국 일본 회사들이 성공할 수 있었던 것은 단순히 복사기 부품이 좋기 때문이 아니라, 주문 과정, 디자인과 생산 등 모든 면에서 제록스와 다르기 때문임을 파악할 수 있었습니다. 그 뒤 제록스는 디자인 개선, 시간 효율성 개선, 부서와 개인 간 상호 시너지 도출 등 일본식 작업 방식들을 도입해 '생산성 혁신 운동'을 벌였습니다.

다른 회사가 성공한 요인을 비교 · 분석한 기법을 제록스가 스스로 벤치마킹이라고 부르면서 이 용어가 널리 퍼지기 시작했고, 여러 기업들이 이 방법을 앞다투어 배웠습니다. 우리나라 회사들 또한 1990년대를 거치며 거의 모든 업종에서 이 기법을 사용하고 있습니다.

벤치마킹을 도입한 사례는 제록스 말고도 무척 많습니다. 이번에는 우리나라 패밀리 레스토랑 가운데 하나인 빕스를 예로 들겠습니다. 시제이푸드빌이 국내에 들어와 있는 외국계 패밀리 레스토랑을 벤치마킹하여 자체 개발한 토종 패밀리 레스토랑인 빕스는, 외국계 레스토랑의 노하우를 가져와 우리나라 시장에 맞게 적용했습니다. 즉 외국계 패밀리 레스토랑의 장점인 서비스와 기념일 이벤트, 유니폼 등은 그대로 가져왔지만 우리나라 음식 문화의 특징을 살려서 서비스한 것입니다.

우선 '풍족하게 먹었다'는 느낌이 들도록 샐러드 바 뷔페를 만들었는데, 일정 금액으로 여러 가지를 먹을 수 있다는 점에서 가족 단위 고객들 사이에 인기가 높습니다. 더욱이 스테이크나 다른 음식도 한국식으로 요리하여 반응이 좋다고 합니다. 그래서 지금은 외국계 패밀리 레스토랑과 우리나라 토종 패밀리 레스토랑이 시장을 양분한 상황입니다.

판매 전략을 세울 때도 벤치마킹은 매우 치열하게 벌어집니다. 한 업체에서 샘플을 만들어 손님들에게 나눠주는 행사를 하면 경쟁업체에서도 곧바로 행사를 여는데, 똑같이 샘플을 나눠주더라도 샘플을 진품처럼, 혹은 미니어처처럼 예쁘게 만듭니다. 사은품을 주는 행사도 마찬가지입니다. 모든 업체들이 다른 회사보다 더 좋은 사은품으로 고객을 끌어모으려 애씁니다.

가장 유명한 사례로 '○○ 데이'라는 이름을 붙이는 '데이 마케팅'을 들 수 있습니다. 수많은 기업들이 자기 회사나 상품에 맞는 날을 잡아서 행사를 엽니다. 10여 년 전 어느 해 11월 11일을 '빼빼로 데이'라 부르며 퍼져 나가기 시작한 데이 마케팅은 지금도 많은 기업에서 활용하고 있습니다. 3월 3일은 숫자 3이 겹쳐 있으니 삼겹살을 먹으라는 '삼겹살 데이', 5월 2일은 오이를 먹으라는 '오이 데이'라고 합니다. 리바이스는 자사 브랜드 501을 알리기 위해서 5월 1일에 '리바이스 501 데이'라는 이름을 붙이고 해당 청바지를 501장의 한정된 수량만 판매하는 행사를 몇 년째 하고 있습니다. 이 밖에도 데이 마케팅을 하는 회사는 무척 많습니다.

전 세계 기업이 벤치마킹하는 GE

요즘은 벤치마킹이 기업 활동 가운데 빠질 수 없는 중요한 기법이 되었습니다. 때문에 벤치마킹 대상이 되는 회사는 아무래도 성공 사례가 많은 회사일 수밖에 없습니다. 현재 세계에서 가장 좋은 벤치마킹 대상 기업으로는, 1878년 발명왕 토머스 에디슨이 설립한 GEGeneral Electric를 꼽습니다. GE는 세계에서 가장 뛰어나고 존경받는 경영진이 이끄는 기업이고, 다우존스 공업평균지수가 표본으로 삼는 기업 가운데서 1884년부터 지금까지 살아남은 유일한 기업이며, 미국 〈포천Fortune〉이 선정하는 '미국에서 가장 존경받는 기업'에 1998년부터 2002년까지 5년 연속 뽑힌 회사입니다. 이런 설명만으로도 GE가 벤치마킹 대상이 되기에 충분한 자격이 있다는 것을 알 수 있을 것입니다.

다른 기업들이 벤치마킹하는 GE의 프로그램 가운데 하나가 인재사관학교입니다. GE가 만든 인재 양성 프로그램은 이런 특징이 있습니다. 우선 GE는 인재를 바라보는 눈이 다른 기업과 아주 다릅니다. 다른 기업들은 간부가 될 만한 직원들을 핵심 인재라고 생각하지만, GE는 모든 직원을 신입 사원 때부터 체계적이고 강도 높은 프로그램으로 단련시켜 핵심 인재로 만듭니다.

GE는 전체 직원을 다섯 단계로 구분하는데, 1단계는 신입 사원을 포함한 2년차 이하인 신규 리더, 2단계는 프로젝트를 이끄는 초급 리더, 3단계는 팀장급인 중급 리더, 4단계는 부서장급 고급 리더, 5단계

크로톤빌 연수원 전경

는 임원으로 소위 슈퍼급 핵심 인재라 부릅니다. GE는 이렇게 단계를 나눠서 모든 직원이 리더가 될 수 있도록 이끕니다. 모든 직원이 리더라고 불리다 보니 회사에서 일하는 마음과 자세가 달라질 수밖에 없겠죠. 직원을 교육할 때도 팀 단위로 과제를 주어 함께 토론해 풀어 나가게 합니다. 그래서 팀워크도 상당히 좋습니다. 이런 분위기라면 직원들이 열심히 일하는 것은 당연한 일 아니겠습니까?

GE가 운영하는 인재 양성 프로그램을 이야기할 때 빠지지 않는 것이 미국 뉴욕 주에 있는 존 웰치 리더십 센터입니다. 사람들은 보통 크로톤빌 연수원이라 부릅니다. 1981년 회장에 오른 잭 웰치가 크로톤빌 연수원을 재건한다고 하자 많은 사람들이 'GE의 패러독스' 라고 비웃었습니다만 지금은 '주식회사 미국의 하버드대학교' 라고 불립니다. 매년 온 세계에 흩어져 있는 직원 31만 명 가운데 1만 명 가량이

크로톤빌 연수원에 모여 교육받습니다. 크로톤빌 연수원은 지난해 새로운 프로그램인 '혁신과 성장을 위한 리더십Leadership: Innovation & Growth'을 내놓았습니다. 기존 프로그램과 다른 점은 팀플레이를 중시한다는 것입니다.

GE가 인재 양성을 위해 해마다 쓰는 돈이 10억 달러 정도입니다. 이 돈을 우리 돈으로 따지면 1조 원에 가까운 금액입니다. GE가 지난 100여 년이란 시간 동안에도 흔들리지 않고 꾸준히 발전할 수 있었던 것은 인재 양성이 얼마나 중요한지 일찍부터 깨닫고 거기에 회사 운명을 걸었기 때문입니다.

벤치마킹을 제대로 하려면 뻔지르르한 겉만 보고 배울 게 아니라, GE 인재 양성 프로그램이 끊임없이 강조하는 핵심, 개인과 회사가 함께 성장해야 한다는, 눈앞이 아니라 먼 미래를 준비해야 한다는 통찰을 배워야 할 것입니다.

결과를 보지 말고 과정을 보라

결과를 보는 것은 껍데기만 보는 것입니다. 껍데기를 보고 좇아 하는 것은 허상을 따르는 것일 뿐입니다. 2000년 이후 우리나라 사교육 시장에 큰 변화가 하나 있었는데, 그것은 온라인 교육 시장이 커졌다는 점입니다. 특히 중고등학교 사교육 시장이 급격히 커졌습니다. 중고등학교 사교육 시장에서 가장 성공한 기업으로 메가스터디를 꼽을 수 있습니다. 메가스터디는 2007년 회원 수 240만 명, 매출액 1,633억 원에 이르렀습니다. 앞으로 치의학 전문대학원 시장과 초등학교 사교육 시장으로 사업을 확장할 계획이라고 합니다.

메가스터디가 크게 성공한 것을 보고 경쟁사들은 어떻게 했을까요? 당연히 메가스터디를 벤치마킹했습니다. 홈페이지와 강사와 교육 방법을 벤치마킹한 경쟁사가 4, 5개 정도 나타났습니다. 그 결과는 어땠습니까? 불행하게도 메가스터디만 더 커졌습니다. 경쟁사들은 엉성한 벤치마킹으로 사업은 실패하고, 다른 회사 덩치만 키워준 꼴이 된 것입니다.

왜 이렇게 됐을까요? 결과에만 집착했기 때문입니다. 메가스터디가 만들어놓은 결과물을 보고 따라만 하니까, 소비자들은 차별점을 느끼지 못하고 경쟁사들을 베끼기만 하는 2류 브랜드로 인식하게 된 것입니다.

제대로 벤치마킹을 하려면 결과를 보지 말고 과정을 봐야 합니다. 앞에서 말씀드린 대로 레오나르도 다 빈치가 밸브 시스템을 만들 수 있었던 것은 우리 몸속 피가 심장에서 모세혈관까지 흐르는 모든 과정을 깊이 연구하고 이해했기 때문입니다. 겉모습만 보고 만든 것이 아닙니다. 이처럼 과정을 보고 배워야지 결과에만 정신을 빼앗겨서는 절대 안 됩니다.

다른 분야에서 성공한 사례를 보고 배우라

그렇다면 벤치마킹을 제대로 하려면 어떻게 해야 할까요? 같은 분야가 아니라 다른 분야에서 성공 사례를 찾아야 합니다. 다른 분야에서 성공한 사례를 찾아 그 고갱이를 배우면, 새로운 만남을 시도할 수 있기 때문에 소비자들의 관심을 끌기 쉽고 더 깊은 인상을 줄 수 있습니다.

그렇기 때문에 자동차 회사가 벤치마킹해야 할 대상은 외국 자동차 회사가 아니라 놀이동산, 백화점, 패스트푸드 회사, 학원 등이어야 합니다. 놀이동산에서는 고객을 감동시키는 방법을, 백화점에서는 고객을 유인하는 방법을, 패스트푸드 회사에서는 고객의 입맛을 사로잡는 방법을, 학원에서는 고객을 교육하는 방법을 벤치마킹하는 것이 올바른 길입니다.

하이마트를 벤치마킹한 에스케이네트웍스

요즘 에스케이네트웍스가 수입 차를 싸게 팔고 있어 화제라고 합니다. 벤츠나 베엠베, 아우디, 렉서스처럼 값비싼 자동차를 직접 수입해 기존 수입 업체보다 싸게 판다니 화제가 되기에 충분하겠죠.

그런데 2007년 12월 17일자 〈중앙일보〉에 흥미로운 기사가 실렸습니다. 에스케이네트웍스의 벤치마킹 대상이 뜻밖에도 유통업체인

하이마트라는 것입니다. 기사를 보면 에스케이네트웍스 김준 상무가 "지난해부터 수입차 사업을 구상하면서 하이마트 사례를 연구했다"며 "업종은 달라도 소비자를 배려한다는 취지가 같아 하이마트처럼 성공할 것이라 확신한다"라고 말했더군요.

하이마트는 2007년 매출이 2조 3,000억 원에 이르는 가전제품 전문 유통업체입니다. 기존 가전제품 대리점은 각자 자기 브랜드만 전시 · 판매했습니다. 그러므로 소비자가 여러 대리점을 돌아다니면서 비교하고서야 물건을 살 수 있었습니다. 시간도 들이고 다리품도 팔아야 했기에 많이 불편했죠. 그렇지만 하이마트에 가면 모든 가전제품을 한자리에서 볼 수 있습니다.

게다가 모든 브랜드를 취급하고 매장이 전국에 깔려 있으니 제품을 한꺼번에 싸게 들여올 수 있다는 장점도 있습니다. 싸게 들여온 만큼 기존 대리점보다 제품을 싸게 팝니다.

에스케이네트웍스는 모든 제품을 한자리에서 볼 수 있고 기존 대리점보다 싸다는 두 가지 장점을 수입 차 시장에 적용했습니다. 덕분에 지금 수입 차 시장을 놓고 에스케이네트웍스와 기존 수입 업체 사이에 경쟁이 치열해졌고, 그 비싸다는 수입 차 가격의 거품이 조금씩 걷히고 있다고 합니다.

이렇게 재미있는 뒷이야기가 있을지 누가 상상이나 했겠습니까? 아마 이 기사가 보도되기 전까지는 아무도 눈치 채지 못했을 것입니다. 왜 그럴까요? 그것은 에스케이네트웍스가 전혀 분야가 다른 업체인 하이마트를 벤치마킹했기 때문입니다. 이처럼 다른 분야에서 성공한 사례에 눈을 돌리는 것이 벤치마킹을 제대로 하는 비결입니다.

뒷거울은 누가 처음 만들었을까

요즘은 모든 자동차에 우리가 보통 백미러라고 부르는 뒷거울 rearview mirror가 달려 있지만 처음부터 그랬던 것은 아닙니다. 지금이야 뒷거울 없으면 운전 못하실 분들이 참 많을 테지만 초기 자동차에는 뒷거울이 달려 있지 않았습니다. 그럼 누가 어떻게 뒷거울을 생각해내고 자동차에 달게 되었는지 말씀드리겠습니다.

1911년 미국 인디애나폴리스에서 '제1회 인디애나폴리스 500마일 레이스'라는 자동차경주 대회가 열렸습니다. 주최하는 쪽에서는 대회를 인기 있는 자동차경주 대회로 만들기 위해 당시로서는 거액인 1만 달러를 상금으로 내겁니다. 너도나도 경주에 뛰어들었고, 마몬이라는 자동차 회사에서 일하던 레이 하룬Ray Harroun도 소식을 듣고 참여하게 됩니다. 먼저 레이 하룬은 경주에 나갈 자동차를 제작합니다. 자동차 무게를 줄이면 그만큼 더 빨리 달릴 수 있기 때문에 당시 주류였던 2인승 대신 1인승 경주용 자동차를 만듭니다.

왜 2인승 경주용 자동차가 주류였을까요? 기존 경주용 자동차에는 반드시 조수가 같이 탔습니다. 자동차가 달리는 동안 뒤쪽 상황이 어떤지 그때그때 '레이서'에게 알려줄 사람이 필요했기 때문입니다. 레이 하룬은 조수를 태우지 않고도 뒤쪽을 확인할 수 있는 방법이 무

제1회 인디애나폴리스 500마일 레이스에서 우승한 레이 하룬의 자동차

엇인지 고민고민합니다. 그러다가 문득 아내가 화장할 때 쓰는 거울에 자기 모습이 비친 것을 보게 됩니다. 그 순간 번개처럼 아이디어가 떠오릅니다.

"그래, 거울을 자동차에 달면 조수가 없어도 되겠구나."

레이 하룬은 가로 20센티미터 세로 8센티미터인 거울을 자동차 운전대 위에 달아 앞을 보면서도 뒤에 따라오는 경쟁자들도 볼 수 있게 만들었습니다. 덕분에 그가 몬 자동차는 다른 2인승 경주용 자동차를 가볍게 제치고 제1회 인디애나폴리스 500마일 레이스에서 우승을 차지합니다.

이처럼 자동차 뒷거울도 아내가 쓰는 화장 거울을 벤치마킹한 것입니다. 눈 밝은 레이 하룬 덕분에 전혀 생각하지 못한 곳에서 아이디어가 나올 수 있었습니다. 이제 뒷거울은 자동차에 꼭 필요한 장치가 되었고 오토바이, 비행기 등에도 쓰이고 있습니다.

세계 최초의 인스턴트 라면

세계에서 가장 많이 팔리는 인스턴트 식품은 단연 라면일 것입니다. 2007년 한 해 동안 전 세계에 팔려 나간 라면은 모두 979억 개. 세계라면협회는 올해 1,000억 개가 넘는 라면이 팔릴 것이라 예상하고 있습니다. 세계에서 라면이 가장 많이 팔리는 나라는 중국으로 2006년 한 해 동안 468억 개가 팔렸습니다. 그 뒤를 인도네시아(141억 개), 일본(54억 개), 미국(40억 개)이 따르고 있고, 34억 개가 팔린 우리나라는 세계에서 다섯째로 라면을 많이 먹는 나라입니다. 그렇지만 한 사람이 한 해 동안 먹은 라면으로 따지면 1인당 75개로 세계 1위라고 합니다.

이렇게 인기 좋은 라면은 1958년 안도 모모후쿠安藤百福라는 일본 사람이 처음으로 만들었습니다. 당시 일본은 제2차 세계대전에서 패전한 뒤라 형편이 무척 어려울 때였습니다. 미국이 원조해주는 밀가루로 근근이 연명하던 시절이었죠.

닛산식품(당시 이름은 산시쇼쿠산) 회장인 안도 모모후쿠는 원조받은 밀가루로 일본 사람들 입맛에 맞고 싸고 오래 보관할 수 있는 식품을 만들고 싶었습니다. 그러나 오랫동안 고민하고 연구했지만 쉽게 방법을 찾을 수 없었습니다. 그러던 어느 날, 아내가 저녁으로 튀김을 내왔습니다. 평소처럼 저녁을 먹던 안도 모모후쿠에게 문득 '혹시' 하는 생각이 스쳤습니다. 밀가루를 튀기면 잘 상하지 않고 오랫동안 보관할 수 있다는 생각이 떠오른 것이죠.

안도 모모후쿠는 바로 국수를 기름에 튀겨보았습니다. 밀가루로 국수를 만들어 기름에 튀기면 국수 안에 있는 물기가 사라지고, 다시 뜨거운 물에 넣으면 원래 상태로 풀어져 먹기 좋은 상태가 되었습니다. 그는 오랫동안 붙잡혀 있던 고민에서 풀려났습니다. 이런 우여곡절을 겪고 나온 세계 최초의 라면이 치킨라면입니다.

라면을 발명한 안도 모모후쿠

그 다음 이야기는 다들 잘 아실 것입니다. 간편하고 싸고 얼큰한 라면에 많은 사람들이 빠져들었습니다. 게다가 라볶이처럼 라면으로 만드는 요리와 부대찌개처럼 라면을 사리로 넣는 요리도 많이 나왔습니다. 바쁜 사람들을 위해 뜨거운 물만 부우면 간단하게 먹을 수 있는 컵라면도 인기가 높습니다.

안도 모모후쿠 회장이 만든 이 치킨라면은 무엇을 벤치마킹한 것입니까? 어디서 빌려온 아이디어입니까? 바로 저녁으로 아내가 내온 튀김 요리였습니다. 전혀 다른 분야였지만 핵심을 빌려 라면을 만드는 데 사용한 것입니다. 역시 제대로 벤치마킹하려면 다른 분야에서 성공한 사례를 배워야 함을 강조하고 싶습니다.

올리브기름 짜는 기계를 벤치마킹한 구텐베르크

구텐베르크의 활판 인쇄기

서양 사람들은 지난 천년 동안 나온 발명품 가운데 무엇을 제일 중요한 것으로 여길까요? 1998년 9월 월간지 〈라이프Life〉는 지난 천년 동안 인류사에 가장 큰 영향을 끼친 사건 100가지와 인물 100명을 뽑아서 〈천년 동안 세상을 바꾼 100가지 사건The Millennium: 100 Events That Changed the World〉이라는 특집호를 냈습니다. 그 특집호에서 '구텐베르크Johannes Gutenberg의 성경 인쇄'가 1위로 뽑혔습니다. 그 이유는 무엇일까요? 모름지기 지식이란 것은 기록으로 남겨 서로 돌려보고 연구해야 발전할 수 있는 것 아닙니까? 그런 만큼 널리 자료를 퍼뜨릴 수 있는 인쇄술이 없었다면 지금과 같은 지식 축적은 불가능했을 것입니다. 그러니 인쇄술의 발달이 얼마나 중요한지 강조하지 않을 수 없습니다.

구텐베르크는 올리브기름 짜는 기계를 벤치마킹해서 인쇄기를 만들었다고 합니다. 인쇄에 대한 수요가 늘어나자 구텐베르크는 어떻게 하면 더 빠르고 정확하게 인쇄할 수 있을지 고민합니다. 그리고 그 방법을 올리브기름 짜는 기계에서 착안하게 됩니다. 그 기계는 위에서 눌러서 기름을 짭니다. 이 방법을 인쇄기에 적용해 더 정확하게 인쇄할 수 있었고 속도도 더 높일 수 있었습니다. 그 뒤에 인쇄 기술이 더욱 발전해 원통을 사용하는 방식이 나왔습니다. 원통 두 개를 서로 맞물리고 그 사이에 종이를 집어넣으면 두 면이 원통에 밀착해서 아주 깔끔하고 빠르게 인쇄할 수 있었습니다.

지난 세기 가장 훌륭한 발명품인 인쇄기는 어떻게 출현하게 되었습니까? 올리브기름 짜는 기계를 보고 그 방식, 그러니까 핵심을 벤치마킹했던 것입니다. 다시 말씀드리지만 다른 영역에서 배워 온 핵심을 자신의 목적에 접목한 것입니다.

사실 다들 아시다시피 금속활자는 우리나라에서 먼저 만들었습니다. 그런데 어째서 인쇄 기술은 서양에서 더 빨리 발달한 것일까요? 종이가 두껍고 뻣뻣한 서양에서는 프레스를 쓰지 않으면 인쇄를 할 수 없었습니다. 그래서 그 문제를 해결하고자 구텐베르크가 올리브기름 짜는 기계에서 아이디어를 따온 것이죠. 반면에 우리나라 종이는 아주 얇지만 무척 질겨 손으로 살짝 누르기만 해도 인쇄가 되었습니다. 굳이 기계 장치가 필요하지 않았고 그래서 인쇄기를 개량할 생각이 없었던 것입니다.

끝으로 재미있는 이야기 하나 해드리겠습니다. 역사학자들은 16세기 종교개혁이 가능했던 이유 가운데 하나로 구텐베르크가 만든 인쇄기를 꼽습니다. 1517년 마르틴 루터가 비텐베르크대학 성당 정문에 내건 〈94개조 반박문〉이 2주 만에 독일 전역으로 그리고 2달 만에 유럽 전역으로 퍼져 나갈 수 있었던 것이 다 구텐베르크의 인쇄기 덕분이었다는 것이죠. 그런데 구교에 대한 반발을 불러일으켜 종교개혁이 일어나도록 불을 지핀 면죄부 또한 구텐베르크가 인쇄했다고 합니다. 그 당시에는 그만큼 많은 양을 빨리 인쇄할 수 있는 사람이 없었기 때문이니 참으로 얄궂은 운명이라 아니 할 수 없습니다.

연습하기 : 벤치마킹

• 에비앙은 유럽에서 매우 비싸게 팔리는 생수 가운데 하나입니다. 에비앙 회사 사람들은 에비앙을 물이 아니라 약이라고 생각합니다. 그래서 배 아픈 사람이 있으면, 하루에 에비앙을 5병씩 마시라고 권할 정도입니다. 이 관점에 따라 우리나라의 김치를 정의해보십시오. 벤치마킹은 다른 분야에서 성공한 사례를 보고 배우는 것입니다.

Tip

이제 김치는 세계 어디에 내놓아도 손색없는 건강 식품입니다. 발효 식품이 건강에 좋다는 사실이 널리 알려졌기 때문입니다. 지금은 유기농 식품이 호응을 받고 있습니다만, 머지않은 시점에 발효 식품이 더 큰 호응을 받을지도 모릅니다. 김치를 건강에 좋은 발효 식품으로 정의하고 이것의 구체적 효능을 알린다면, 큰 성공을 거둘 수 있을 것입니다.

• 1990년께 게스는 허리둘레가 24인치 이상인 청바지는 만들지 않았습니다. 게스 청바지를 입고 있는 것만으로도 '허리둘레가 24인치 미만' 임을 드러내는 상징성을 만들려 했기 때문입니다. 그래서 게스는 여성들에게 가장 인기 있는 청바지가 되었습니다. 게스의 사례를 벤치마킹하여 우리나라 아파트 브랜드를 새롭게 정의해보십시오.

Tip

게스가 했듯이 뭔가 상징을 만들거나 한계를 둘 수 있습니다. 예를 들어 150제곱미터(45평) 이하로는 만들지 않는다든지, 아니면 10년 동안 애프터서비스를 해준다든지……. 게스가 성공할 수 있었던 이유는 상징성을 높여줬다는 데 있습니다. 그렇다면 아파트에 관한 상징성을 만들어주는 것이 핵심입니다.

통찰의 습관

THE ART OF BUSINESS INSIGHT

생각하기는 쉽고 행동하기는 어렵다

우리 속담에 가마 속 콩도 삶아야 먹는다는 말이 있습니다. 아무리 깜짝 놀랄 만한 생각들이나 진기한 재주가 많다고 하더라도 실제 행동으로 옮기지 않는다면 아무 쓸모가 없다는 뜻입니다. 마찬가지로 아는 것과 배운 것을 삶 속에서 실천하지 않는다면 지금껏 살펴본 통찰의 3단계와 통찰의 7가지 기술은 그저 삶지 않은 콩에 지나지 않을 것입니다. 아무리 작은 것이라도 아는 대로 배운 대로 그것을 실제 행동으로 옮겨야 합니다. 실천할 수 있어야 통찰은 세상을 바꾸는 힘이 될 수 있습니다.

따라서 이제 남은 과제는 하나밖에 없습니다. 그것은 우리가 앞서 살펴본 것들을 삶에 적용해 실천할 수 있어야 한다는 것입니다. 그렇게 함으로써 통찰은 비로소 완성될 수 있습니다. 우리는 1, 2부에서 기업 활동, 특히 마케팅과 관련한 사례를 살피며 통찰의 단계와 기술에 대해 알아보았습니다. 마지막으로 3부에서는 통찰에 이르게 하는 다양한 사고와 행동 방식을 살펴보려 합니다. 바로 통찰력을 높이는 습관입니다. 제가 소개할 다양한 사고와 행동 방식은 독자 여러분의 통찰력을 더욱 높은 수준으로 끌어올려줄 것이며, 더욱 예리해진 통찰력은 여러분의 삶을 놀랍도록 변화시킬 것입니다. 더욱 통찰의 수준을 높이기 위해서 통찰력을 기르는 습관을 들이려 애쓰십시오.

조지 스티븐슨은 습관이 얼마나 힘이 센지를 보여준 사람이라고 할 수 있습니다. 스티븐슨은 열여덟 살 때까지 글을 몰랐다고 합니다. 광산에서 일하는 아버지 벌이로는 식구들이 먹고사는 데도 빠듯했기 때문에 제대로 교육을 받을 수 없었던 것이죠. 대신에 스티븐슨은 부모님에게서 절제, 절약, 인내라는 습관을 물려받아 세상을 헤쳐나가는 데 가장 든든한 버팀목으로 삼았다고 합니다. 그렇게 몸에 밴 습관 덕에 스티븐슨은 하루 열두 시간씩 기계를 돌리면서도 틈틈이 공부했습니다. 그렇게 글을 깨친 덕분에 제임스 와트와 매슈 볼턴이 만든 증기기관 같은 최신 기술들을 공부할 수 있었다고 합니다.

다시 한 번 말씀드리지만 습관은 힘이 셉니다. 한번 들인 습관이 일생을 좌우합니다. 운 좋게 어렸을 때 들인 좋은 습관 하나가 그 사람이 평생 활용할 경쟁력을 만들어줄 수 있습니다. 지금이라도 늦지 않았습니다. 제가 말씀드릴 통찰의 습관을 자기 것으로 만들려고 노력하십시오.

마지막으로, 어떤 습관들이 있는지 소개하기 전에 분명하게 강조하고 싶은 것이 하나 있습니다. 습관은 타고나는 것이 아니며 우연히 형성되는 것도 아닙니다. 습관은 일상생활에서 특정 행동을 반복함으로써 기를 수 있습니다. 한마디로, 누구나 노력하면 이와 같은 습관을 익힐 수 있습니다. 그렇게 습관이 몸에 배면 또한 누구나 통찰에 이를 수 있으며, 통찰을 기반으로 한다면 누구나 성공할 수 있습니다. 기억하십시오. 애쓴 만큼 대가가 돌아옵니다. 이 점을 깊이 새기고 통찰력을 키우기 위해 유용한 습관들을 살펴보겠습니다. 다시 말씀드리지만 생각하기는 쉽고 행동하기는 어렵습니다.

시작이 반

선입견을 조심하라

사람은 원래 복잡한 것을 싫어하고 간단한 것을 좋아합니다. 그래서 세상만사 모든 것을 선입견대로 판단하려는 경향이 있습니다. 그런데 이 선입견에 휘둘리면 새로운 관점으로 볼 수 없습니다. 언제나 익숙한 정보와 절차만 사용하면 편하긴 하지만, 새로운 정보를 조합해내기가 어려워집니다. 그래서 통찰을 위해서는 선입견을 조심해야 합니다.

선입견에서 벗어나 새로운 관계를 보기 위해서 꼭 해야 할 것들이 있습니다. 우선 마음에 한계를 두지 말아야 합니다. 자주 듣는 이야기라서 쉽게 생각할지 모르겠지만, 마음이 자유로워야 합니다. 그래서 관심 영역을 넓혀야 합니다. 사람의 마음은 물리적 한계에 구속되지 않습니다. 몸은 서울에 있지만 마음은 제주도에도, 호주에도, 남극에도 갈 수 있습니다. 상상하면 안 되는 일이 없습니다.

선입견에서 벗어나기 위해서는 문제를 분명하게 정의하는 연습이 필요합니다. 우리가 학생일 때 선생님에게 늘 듣는 얘기가 "문제는 해답의 다른 모습"이란 것이었습니다. 문제 속에 해답이 있다는 얘긴데, 맞습니다. 우리가 문제를 정확히 정의하고 분석하면, 대부분 해결 방법은 저절로 나옵니다. 문제를 정확히 정의하는 것만으로도 선입견에서 벗어날 수 있고, 통찰에 다가갈 수 있게 됩니다.

선입견에서 벗어나 다르게 생각할 줄 알면 남보다 앞서갈 수 있습니다. 다르게 생각할 수 있다는 것, 다른 관점으로 볼 수 있다는 것은 아주 힘이 센 무기이기 때문입니다. 이는 마케팅뿐만이 아니라 세상살이에 꼭 필요한 조건입니다. 이런 조건을 갖춘 사람은 흔하고 평범한 것도 다르게 보이도록 만들 수 있습니다. 다른 모습은 수많은 평범함 가운데 돋보일 수밖에 없습니다. 때문에 소비자들은 '다름'을 보게 되면 한 번이라도 더 돌아보고, 더 생각하고, 더 집중하게 됩니다. 그 다름 때문에 소비자들은 놀라움에 더 깊이 빠져들고, 정보처리를 더 많이 하게 되고, 더 호감을 느끼게 되는 것입니다. 그래서 다른 것은 강합니다. 더 정확히 말하자면, 다르게 생각할 줄 아는 사람은 강합니다. 세상에서 성공한 사람들은 모두 다르게 생각할 줄 아는 사람들이었습니다.

예를 들어보겠습니다. 가을이면 사과가 익어서 땅에 떨어집니다. 당연한 이치입니다. 지난 수천 년 동안 가을이 되면 사과가 떨어졌고 사람들은 거기에 익숙합니다. 그런데 어떤 사람이 이렇게 생각했습니다.

"아니다. 사과가 떨어지는 게 아니라 땅이 잡아당기는 것이다."

전혀 관점이 다른 생각입니다. 어떻게 이런 생각을 할 수 있었을까요? 여기서 나온 이론이 만유인력의 법칙이고 이 사람이 바로 위대한 물리학자 아이작 뉴턴입니다. 참 특이한 사람입니다. 모든 사람들이 사과가 땅에 떨어지는 것을 아주 당연한 사실로 여기고 있는데 유독 한 사람, 뉴턴만이 그 문제에 집중했고 그것을 연구했습니다. 사물을 다르게 볼 줄 아는 능력이 위대한 발견을 낳은 것입니다.

문득 떠오르는 생각을 반드시 기록하라

어떤 일이더라도 관심 있게 지켜보고 전후좌우를 곰곰이 따져보면 문득 자신도 모르게 떠오르는 생각이 있습니다. 어떤 것은 버스 타고 가다 그렇게 생각나기도 하고 어떤 것은 자려고 할 때 떠오르기도 합니다. 간혹 놓치기 아쉬운 아이디어들이 떠오를 때마나 무릎을 칩니다. 그렇지만 그것을 기록해놓지 않으면 나중에 절대 생각나지 않습니다. 그때그때 적어놓지 않으면 반드시 잊어버리게 되어 있습니다. 그 순간 여러분 머릿속에 떠오른 바로 그 아이디어는 정말 기발한 아이디어였습니다. 그렇지만 기록해두지 않으면 아무것도 아닙니다. 아무리 훌륭한, 세상을 떠들썩하게 만들 만한 아이디어라도 기록해

두지 않으면, 안타깝게도 아무 쓸모도 없습니다. 반드시 기록하는 버릇을 들이십시오.

철학자 토머스 홉스Thomas Hobbes는 무엇이든 적어놓는 사람으로 유명했습니다. 항상 기록하는 습관이 있어서 언제 어디에서든 생각이 떠오르면 바로 적어놓았다고 합니다. 뉴턴 또한 그런 행동이 버릇처럼 몸에 밴 사람이었습니다. 뉴턴에게 이런 일이 있었답니다. 손님에게 줄 포도주를 가져오려고 지하실에 내려가다 문득 좋은 생각이 났습니다. 그러자 그는 곧바로 연구실로 가서 그 생각을 기록하고는 연구에 빠져들었습니다. 그는 그 문제를 풀고 나서야 다시 손님을 만나러 갔다고 합니다. 뉴턴처럼 하는 것은 조금 문제가 있다고 쳐도, 토머스 홉스 정도는 해야 하지 않을까요? 좋은 생각이든 안 좋은 생각이든 뭔가 떠오를 때마다 기록해두는 것은 통찰을 위해 아주 좋은 습관입니다.

이렇게 뭔가를 끊임없이 적어두는 습관이 몸에 배면, 거기에서 끝나는 것이 아니라 좋은 생각이 자주 떠오르게 됩니다. 좋은 생각이 언제 떠오를까요? 바로 새로운 정보를 만나는 순간입니다. 그러기 위해서는 가능하면 전문가를 만나 대화해보는 것이 좋습니다. 어떤 전문가라도 좋지만 반드시 전문가여야만 합니다.

전문가와 비전문가는 아주 다릅니다. 어느 분야든 전문가는 근원에 닿아 있는 사람입니다. 경제학이든 철학이든 물리학이든, 전문가는 이미 자기 분야에서 아무도 감히 따라갈 수 없는 경지에 오른 사람입니다. 이들은 근원에 닿아 있고 높은 경지에 올라 있기 때문에 어떤 곳으로든 자기 생각을 확장할 수 있습니다. 그래서 이들을 만나 생각하는 바를 들으면, 혼자서는 도저히 불가능했을 아이디어들이 저절로 흘러넘칩니다. 스티브 잡스가 제록스 기술자들을 만나 이야기를 나누다 매킨토시라는 새로운 아이디어를 얻은 것처럼 전문가를 만나면 빼어난 아이디어들이 샘솟을 것입니다.

항상 기록하는 버릇을 들이십시오. 그러면 뛰어난 아이디어들을 많이 얻을 수 있습니다.

모방도 좋은 방법이다

훌륭한 선례를 모방하는 것도 통찰에 이르는 좋은 방법입니다. 먼저 배우고 익혀야 자기 것으로 만들 수 있습니다. 통찰은, 소 뒷걸음치다 쥐 잡듯이, 그렇게 우연히 닿을 수 있는 경지가 아닙니다. 이루고 싶은 목표를 세우고 마지막 땀방울까지 쏟아내는 가슴 벅찬 과정이 필요합니다. 그러기 위해서 먼저 다른 사람이 만들어놓은 훌륭한 사례를 연구해 그 과정을 자기 것으로 만들어야만 합니다.

〈아비뇽의 아가씨들〉, 〈게르니카〉 같은 걸작을 남긴 화가 피카소는 14살 때부터 그림을 배우기 시작했으며 16살 때부터는 마드리드 왕립미술학교에서 공부했습니다. 피카소가 처음 그림을 그릴 때는 세잔을 비롯한 후기인상주의 미술가들의 작품을 많이 모방했다고 합니다. 베토벤도 9번 교향곡을 작곡할 때 클레멘티Muzio Clementi가 쓰는 기법을 적용했습니다. 베토벤은 클레멘티가 작곡한 피아노 소나타를 좋아했으며, 그에게서 간결하고 정확한 형식과 새로움을 추구하는 정신 등 많은 것을 배웠다고 합니다. 아인슈타인도 상대성이론을 연구하면서 졸로비네Maurice Solovine와 베소Michele Besso 같은 이들과 자주 토론을 했습니다. 특히 아이슈타인은 베소에 대해서 "유럽 전체에서 그보다 더 큰 공명체는 얻을 수 없었을 것"이라고 높이 평가했습니다.

이처럼 모방은 통찰에 이르는 중요한 방법입니다. 그렇지만 모방으로 끝나서는 곤란합니다. 언젠가는 기존에 있는 것들과 자신이 만든 것을 통합해서 새로움, 다름을 창조해야 합니다. 끊임없이 그 과정을 시도해야 합니다.

작은 차이에 민감해지라

옛날 어느 시장에 짚신을 파는 가게가 두 군데 있었다고 합니다. 두 가게는 서로 마주 보고 장사를 했는데 한 가게는 늘 장사가 잘되었고, 한 가게는 늘 장사가 안 되었다고 합니다. 장사가 안 되는 가겟집 주인은 도무지 그 이유를 알 수 없어 답답해했습니다. 짚도 똑같고 솜씨도 똑같고 값도 똑같은데 왜 저쪽 가게는 언제나 손님이 북적거리고 자기네 가게는 파리만 날아다니는지 정말 알 수 없는 노릇이었습니다. 왜 그랬을까요? 장사가 잘되는 집 주인은 나중에 죽을 때가 되어서야 그 비결을 알려줬습니다.

뜻밖에도 비결은 아주 작은 것이었습니다. 장사가 잘되는 집 주인은 짚신 안쪽에 돋아 있는 보푸라기를 손보았던 것입니다. 무엇보다 발바닥이 닿는 부분에 있는 보푸라기를 잘라내어 발이 훨씬 편하게 만들었습니다. 이것이 그 가게에만 손님이 몰리게 만든 비결이었습니다만 알고 보면 너무나 작은 차이입니다. 말 그대로 보푸라기만 한 차이 아닙니까? 그러나 그 차이는 매우 커다란 결과를 가져왔습니다.

우리나라 제품이나 일본 제품이나 중국 제품이나 모두 큰 관점에서 보면 거의 비슷합니다. 차이가 나는 부분은 아주 작습니다. 우리나라에서 만든 텔레비전이나 일본에서 만든 텔레비전이나 중국에서 만든 텔레비전이나 모두 전원을 켜면 화면이 나오고 전원을 끄면 화면도 꺼집니다. 볼륨을 높이면 소리가 커지고 볼륨을 낮추면 소리가 작아집니다. 모두 똑같습니다. 그런데 왜 우리는 각각 다른 값을 치러야 합니까?

어떤 차이 때문인가요? 아주 작은 차이 때문입니다. 그래서 작은 차이에 민감해져야 합니다. 이 말은 아주 쉬운 듯 보이지만 그대로 따르기는 매우 어렵습니다. 그렇지만 통찰력을 높이기 위해서는 작은 차이를 잡아내고 이를 눈을 감고도 머릿속에 정확하고 자세한 그림을 그릴 수 있을 만큼 연습하고 훈련해야 합니다. 지금껏 마케팅이 성공하느냐 실패하느냐 하는 판가름은 바로 이 작은 차이에서 비롯했습니다. 이제부터라도 작은 차이에 민감해져야 합니다.

중요하지 않은 정보는 과감히 버리라

문제를 분명하게 정의하고, 정확한 의도와 주의를 기울여 통찰을 이끌어내기 위해서는 순간순간 올바른 결정을 내려야 합니다. 그렇다면 올바른 의사 결정은 어떻게 할 수 있을까요? 그것은 모아놓은 아이디어를 버리는 데서 시작합니다. 수많은 생각들 가운데 무엇을 골라야 할지 몰라 쩔쩔 맨 경험들이 누구에게나 있을 것입니다. 이것도 좋은 것 같고 저것도 좋은 것 같아 무엇 하나 선택하지 못하는 것이죠. 남다른 아이디어가 빛을 발하기 위해서는 모아놓은 아이디어를 오히려 버릴 줄 알아야 합니다. 그래야 의사 결정을 올바르게 할 수 있습니다.

힘은 어디에서 나옵니까? 힘은 정보에서 나옵니다. 따라서 누군가 정보를 독점하는 사람이 생기면, 자연히 힘은 균형을 잃고 그 사람에게 쏠리기 마련입니다. 권력을 잡고 있다는 것은 정보를 독점하고 있다는 것이고, 재력이 있다는 것 또한 정보를 남들보다 더 많이 갖고 있다는 것을 뜻합니다.

다들 아시다시피, 《손자병법》 〈모공편〉을 보면 '지피지기면 백전불태知彼知己, 百戰不殆'라는 말이 있습니다. 이 말은 적을 알고 나를 알면 전쟁에서 지지 않는다는 뜻입니다. 정보가 얼마나 중요한지를 보여주는 말이죠. 이처럼 과거에는 누가 정보를 더 많이 모으느냐, 누구 정보가 더 정확하냐에 따라 승부가 갈렸습니다.

그러나 요즘은 많이 달라졌습니다. 현대는 정보가 넘치는 시대며

사방 천지에 널린 것이 정보입니다. 특히 인터넷은 정보 교류를 더욱 활발하게 만들었습니다. 매우 짧은 시간 동안에도 수많은 정보를 찾아 자기 것으로 만들 수 있습니다. 누군가 정보를 독점하는 것이 허락되지 않는 시대가 되었습니다.

다시 주제로 돌아갑시다. 이처럼 정보가 넘쳐나는 시대에 어떻게 해야 의사 결정을 올바르게 할 수 있습니까? 앞에서도 말씀드렸지만, 올바른 의사 결정이란 중요한 것을 모으는 데 있지 않고 중요하지 않은 것을 버리는 데 있습니다. 새롭고 남다른 관점으로 세상을 바라보려면, 중요하지 않고 필요하지 않은 정보를 과감히 버릴 줄 알아야 합니다. 그래야 통찰에 한걸음 더 다가갈 수 있습니다.

심사숙고

원인이 무엇인지 곰곰이 살펴보라

문제를 잘 해결하는 사람은 그 이유를 찾는 데도 능숙한 사람입니다. 무슨 문제든지 이유를 찾다 보면 분석하는 능력, 평가하는 능력, 종합하는 능력 이 세 가지 능력이 저절로 생기고 서로 복잡하게 뒤엉킨 관계를 이해하기가 쉬워집니다. 그리고 이런 일에 익숙해지면 서너 가지 과제를 동시에 해결하는 능력도 따라오게 됩니다.

밑바탕에 깔린 원인이 무엇일까 곰곰이 살펴보는 능력이 커지면 잠자다가도 좋은 생각이 많이 떠오릅니다. 레오나르도 다 빈치가 그런 사람으로 유명했습니다. 레오나르도 다 빈치는 잠자기 전 조용할 때 자기가 풀어야 할 문제들을 차분하게 생각하는 버릇이 있었다고 합니다. 그러면 의식하지 않은 상태에서도 기발한 생각이 솟구치고 독특한 아이디어가 떠올랐다고 합니다.

원인을 찾아 꼬리에 꼬리를 물듯 생각을 밀고 나가면 두 가지 효과가 있습니다. 첫째, 이치에 맞고 조리 있게 생각할 줄 알게 됩니다. 이치에 어긋나지 않는 사고는 기존 지식이 만들어놓은 인과관계를 따라가게 되어 있습니다. 이렇듯 이치에 맞게 생각할 줄 알면 문제를 풀 방법을 쉽게 찾을 수 있습니다. 대부분 인과관계를 찾는 단계에서 생각을 멈추게 됩니다만 여기서 한 발짝만 더 떼면 두 번째 효과를 보게 됩니다. 즉 척 보면 아는 경지에 이르게 됩니다. 이 단계는 논리를 뛰어넘어 전혀 연관이 없을 것 같은 관계를 볼 수 있는 단계입니다. 앙리 조미니가 말한 것처럼 한눈에 알아볼 수 있는 기술을 갖추게 되는 것이죠. 이처럼 문제가 품고 있는 원인을 뿌리까지 좇아가다 보면 어느 순간 이치와 조리에 맞게 생각하는 법과 한눈에 알아볼 수 있는 기술을 터득하게 됩니다.

낯선 것을 친숙하게, 친숙한 것을 낯설게 바라보라

같은 사물이나 사건을 다른 각도에서 바라보기 위한 방법 가운데 하나가 낯선 것을 친숙한 관점으로 보는 것입니다. 마찬가지로 친숙한 것을 낯선 관점으로 바라보는 것 또한 다른 관점으로 사물을 바라보는 방법입니다. 스티브 잡스 이야기는 앞에서도 했지만 한 번 더 하겠습니다. 2007년 애플은 아이폰을 내놓았습니다. 아이폰은 휴대전화에 컴퓨터 기능을 추가한 제품인데 매킨토시 운영체제MacOS를 기반으로 작동합니다. 이 제품이 처음 나왔을 때 사람들은 열광했습니다. 저도 한 번 구경해본 적이 있는데 한순간에 그 디자인과 기능에 반해버렸습니다. 휴대전화 기능은 기본이고 음악도 들을 수 있고 영화도 볼 수 있습니다. 당연히 인터넷도 할 수 있습니다. 터치스크린 방식이라 키보드 없이 손끝으로 작동시킵니다. 무엇보다 채팅하듯이 주고받는 문자메시지는 기발하더군요. 처음 판매하는 날 많은 사람들이 아이폰을 사기 위해 줄을 섰는데 심지어는 그 전날부터 줄을 서서 기다린 사람도 많았습니다. 아이폰은 74일 만에 100만 대가 팔렸습니다.

스티브 잡스는 어떻게 이런 제품을 만들어 내놓을 생각을 했을까요? 그것은 낯선 것을 친숙한 관점에서 보았기 때문에 가능했습니다. 매킨토시 운영체제를 휴대전화에 적용한다는 것은 낯설기 그지없는 시도였습니다. 다른 경쟁 회사에서도 시도해본 적이 있지만 반응이 그리 신통치 않았습니다. 휴대전화를 위한 새로운 운영체제를 개발했다기보다는 컴퓨터 운영체제를 그대로 옮긴 데 지나지 않았기 때문입니다. 스티브 잡스의 아이폰은 달랐습니다. 휴대전화면서 컴퓨터처럼 다양한 기능을 갖추고 쉽게 쓸 수 있도록 휴대전화에 맞는 운영체제를 적용했습니다.

스티브 잡스는 끊임없이 낯선 것을 친숙하게, 친숙한 것을 낯설게 생각하고 살펴보는 사람입니다. 그 때문에 소비자들은 애플이 내놓는 신제품에 공감하게 됩니다. 서양 속담에 이런 말이 있습니다. "신은 인간에게 숨기고자 하는 것을 인간 곁에 둔다." 이 말은 우리 주변에 우리가 미처 깨닫지 못한 놀라운 통찰이 숨어 있다는 것을 가르쳐 줍니다. 낯선 것에서 친숙함을, 친숙한 것에서 낯선 것을 찾는 훈련이 필요합니다. 이 훈련이야말로 우리를 통찰에 이르게 할 것입니다.

몰입하라

통찰력을 높이기 위해서는 몰입하는 훈련을 해야 합니다. 어떤 대상에 완전히 빠져들면 그 상태를 온전히 즐길 수 있게 됩니다.

게임에 빠진 사람을 생각해보십시오. 게임을 하다 보면 날밤 새우기 일쑤입니다. 자기도 모르는 사이에 시간이 훌쩍 흘러가버립니다. 게임 좋아하는 사람들은 저녁 때쯤 시작했는데 정신을 차려보니 날이 밝았더라 하는 얘기도 많이 합니다. 물론 이때는 조금 당황스럽겠지만 게임에 빠져 있을 때만큼은 마냥 행복했을 것입니다. 공부를 그렇게 하라면 아마 절대 못하겠지요.

예로부터 지혜로운 사람들은 몰입을 즐거움을 얻는 방법으로 여겼습니다. 몰입이 어떤 것인지 쉽게 알 수 있는 예가 독서삼매경일 것입니다. 몰입해서 책을 읽다 보면 어느 순간 자신을 잊어버리게 된다는 뜻입니다. 여러분도 이런 경험 많이 해보셨을 겁니다. 재미있는 책에 한번 빠지면 대개 시간 가는 줄 모릅니다.

좋은 아이디어를 얻는 방법 가운데 하나가 바로 몰입입니다. 성공할 수 있는 아이디어를 얻으려면 몰입해야 합니다. 몰입하면 자신을 잊어버리고 대상에 빠져들며 그러면 이전에 보이지 않던 관계가 보입니다. 보이지 않던 관계가 보이는 것, 이것이 바로 통찰입니다.

그렇지만 몰입이 몰입으로 끝나서는 안 됩니다. 몰입은, 수면 아래 숨어 있는 진실을 찾아 좋은 아이디어를 끄집어내기 위한 훈련이고 과정입니다. 그렇기 때문에 몰입이 필요하지 않을 때는 몰입을 버릴 줄도 알아야 합니다. 새로운 아이디어를 얻기 위해 몰입해야 할 때가 훨씬 많겠지만 어느 순간 오히려 몰입하지 않아야 할 때도 있습니다. 아르키메데스가 '유레카'를 외친 곳이 어디였습니까? 목욕탕이었습니다. 몰입에 몰입을 했지만 문제가 잘 안 풀려서 잠깐 쉬려고 한 것이죠. 그런데 정작 몰입했을 때는 떠오르지 않던 통찰이 목욕탕 속에서 편하게 쉬고 있을 때에 불현듯 떠올랐습니다.

이처럼 몰입하되, 몰입을 버리십시오. 어떤 아이디어에 너무 집착하면 반대로 그것이 도망갈 때도 많습니다. 한 번 붙잡고 한 번 놓아주듯이 반복하십시오. 그럼 점점 더 좋아질 것입니다.

천천히 판단하라

무엇인가 괜찮은 생각이 떠오르면 들뜨기 쉽습니다. 성격이 급한 사람이라면 더 쉽게 흥분하고 들뜨기 마련입니다. 그러면 정작 중요한 것들을 놓치기 십상입니다. 언제나 바르게 판단하기 위해서는 신중하고 차분해야 합니다. 만약 오늘 좋은 생각이 떠올랐다면 아무리 좋아도 하룻밤은 넘기는 것이 좋습니다. 하룻밤만 지나보면 들떠 있던 마음도 가라앉고 미처 생각하지 못했던 점들도 돌아볼 수 있게 됩니다. 그때부터 짚어 나가야 할 내용들을 하나하나 살펴보는 것이 좋습니다.

독일의 시인 실러가 이런 말을 남겼습니다.

"당신이 불평하고 있다면, 그것은 너무 일찍 포기했거나 너무 엄격하게 따졌기 때문이다."

관점이 조금 다르기는 하지만, 이 말은 선부른 판단이 지나치게 빨리 포기하게 만든다는 것을 뜻합니다. 마찬가지로, 정작 그 일을 시작하게 되면 처음에는 전혀 생각하지 못한 일들이 벌어지기 때문에 너무 꼼꼼하게 따질 필요도 없습니다. 처음 떠오른 생각을 하루 정도 충분히 그리고 차분히 생각해보고 그 다음 문제를 차근차근 따져보십시오. 그때까지도 그 아이디어가 괜찮게 생각된다면 그것은 정말로 좋은 통찰인 것입니다.

통찰에 뛰어난 사람들, 성공한 사람들은 모호함을 잘 참는 사람들입니다. 모호함을 뜻하는 영어 단어 'ambiguity' 자체도 '헤매고 다닌다'라는 라틴어에서 온 말입니다. 통찰에 덜 뛰어난 사람은 모호함을 견디지 못합니다. 가능하면 빨리 확실하고 분명한 세계로 가고 싶어합니다. 그래서 미진하거나 덜 성숙한 결과를 서둘러 채택합니다. 그렇지만 통찰이 만들어내는 결과물은 충분히 헤매고 다녀야 나올 수 있습니다. 너무 빠른 판단보다는 모호함과 여유를 즐기면서 통찰이 터져 나오는 순간을 즐기십시오.

미국 서부를 개척한 대니얼 분Daniel Boone이 어떤 사람에게 숲에서 길을 잃은 적이 있느냐는 질문을 받았습니다. 대니얼 분이 대답하기를, 길을 잃은 적은 없지만 사나흘 당황한 적은 있다고 대답했습니다. 말은 쉽지만 아무도 가본 적이 없는 길에서 사나흘 헤맨다는 것은 보통 일이 아닙니다. 대니얼 분은 숲에서 길을 찾는 어려움, 숲이 주는 모호함을 참고 나서야 서부 개척이라는 대장정을 마칠 수 있었던 것입니다. 저도 대니얼 분처럼 새로운 영역을 탐색할 때면 충분히 헤매고 중심을 잃어버리려 일부러 애씁니다. 한번 해보면 알게 되지만 나름대로 즐겁습니다. 여러분도 모호함을 즐기시길 바랍니다.

열정과 의지

긍정적으로 생각하라

세상은 우리가 생각하는 대로 움직입니다. 즉 긍정적인 생각을 하면 긍정적인 결과가 나타납니다. 이것은 매우 놀랍고도 확실한 효과입니다. 언뜻 생각하면 말도 안 되는 것 같지만 사실입니다. 요즘 골프를 치는 사람이 많은데 골프와 관련한 사례를 한 가지 말씀드리겠습니다.

골프를 치다 보면 어떤 홀은 그린 앞에 연못이 있습니다. 이런 홀에서는 연못을 넘겨 그린까지 공을 보내야 합니다. 그런데 많은 사람들이 자꾸 연못에 공이 빠진다고 푸념합니다. 평소 실력이라면 분명히 더 멀리 날아갈 텐데 연못이 있으면 꼭 공이 거기에 빠진다고 이상하다고들 합니다. 참 희한한 일이죠. 무엇 때문에 공이 연못에 빠지는 것일까요? 머피의 법칙일까요? 아닙니다. 그것은 골퍼가 공이 연못에 빠지는 장면을 상상하기 때문입니다. 공을 연못에 빠뜨리지 말자고 조심하는 것은 좋지만 그럴수록 공이 연못에 빠지는 장면이 자연히 떠오르기 마련입니다. 그 대신에 공을 그린에 멋지게 날려 보내는 장면을 상상했다면, 그 상상이 이루어질 수 있을 것입니다.

황선홍 하면 우리나라를 대표하는 축구 선수라고 할 수 있습니다. 에이 매치(국가 대표 팀끼리 벌이는 축구 경기) 103경기에 나와 50골을 넣은 훌륭한 공격수였습니다. 지난 2002년 한일 월드컵에서는 우리나라 축구 대표팀의 핵심 선수로 폴란드와 벌인 첫 경기에서 첫 골을 넣으며 우리나라를 4강에 올려놓는 데 크게 이바지했습니다. 어느 인터뷰에서 황선홍 선수는 골을 많이 넣은 비결이 뭐냐는 질문에 이렇게 답했습니다.

"훈련도 굉장히 중요하지만, 쉴 때도 어떻게 하면 골을 많이 넣을 수 있을까 고민했다. 내가 넣은 골이든, 다른 선수들이 넣은 골이든 자주 비디오를 보고 생각했다. 이미지 트레이닝을 했던 장면이 실제로 경기장에서 많이 나타났다. 아무 생각 없이 경기하는 것보다는 성공률이 높았다."

황선홍 선수처럼, 성공한 사람들은 늘 꿈을 실현하는 순간을 상상합니다. 반면 실패하는 사람들은 늘 실패했을 때 나타날 결과만을 생각하고 미리 걱정부터 합니다. 미래를 어떻게 바라보느냐가 미래를 결정합니다. 굳은 의지로 좋은 것만 생각하고 미래에 도전하십시오.

자신의 선택을 믿으라

우리 마음을 설레게 하는 말 가운데 하나가 '가지 않은 길' 일 것입니다. 로버트 프로스트가 쓴 〈가지 않은 길〉은 우리에게 늘 무지개 같은 시입니다. 저 길을 따라가면 무엇이 있을까? 내가 이 길을 가지 않고 저 길로 갔다면 더 행복했을까? 지금이라도 저 길로 갈 수 있을까? 가지 않은 길에 대한 수없이 많은 생각이 스칩니다.

그럴 때면 자기 마음을 들여다보십시오. 통찰적 사고로 자신을 보십시오. 그리고 진정으로 원하고 준비가 되었다는 판단이 서면 떠나십시오. 사람은 하고 싶은 것을 하며 살아야 합니다. 그렇지 않으면 후회가 남을 수밖에 없습니다. 죽기 전에 남기지 말아야 할 것이 후회 아니겠습니까? 후회는 정리하지 못했다는 것을 의미하는데 그러고서야 마음 편히 저승길에 오를 수 있겠습니까?

그렇지만 조건이 있습니다. '진정으로 원하는가?' 와 '충분히 준비했는가?' 라는 질문에 긍정적으로 대답할 수 있어야 합니다. 그래서 이 두 가지 조건을 다 갖췄다면 자신의 선택을 믿고 떠나십시오. 얼마나 준비를 했느냐에 따라 가야 할 거리, 여행할 거리가 달라집니다. 큰 변화를 꿈꾸려면 그만큼 준비를 많이 해야 합니다.

가지 않은 길로 떠나는 것은 내가 알고 있고 알 수 있는 범위를 넘어서 그 밖으로 나가는 것을 뜻합니다. 잘 모르는 곳이니 위험해 보입니다. 그렇지만 실제로 위험할까요? 대부분 막상 가보면 별로 위험하지 않습니다. 오히려 전에 겪어보지 못한 새롭고 짜릿한 경험들이 기다리고 있을 때가 더 많습니다.

저는 삶을 신드바드의 모험이라고 생각합니다. 새로운 것을 찾아 떠나고 경험하고 다시 돌아와 정리하고, 또다시 떠나 더 많은 사람들을 만나고 다시 돌아와 정리하고……. 저는 진짜 인생은 이런 것이라 생각합니다. 손에 든 것을 아까워하다 새로운 것을 얻지 못하는 사람들이 많습니다. 손에 든 것을 놓을 줄 알아야만 더 큰 것을 잡을 수 있습니다.

통찰은 가지 않은 길로 떠날 수 있는 힘을 줍니다. 또한 가지 않은 길로 떠날 수 있는 중요한 비결을 가르쳐줍니다. 통찰이 가르쳐주는 중요한 비결을 정리해봤습니다.

첫째, 나는 무엇이든 할 수 있다는 자신감이 중요합니다. 인생은 수많은 기회로 둘러싸여 있습니다. 문은 하나만 있지 않습니다. 내가 발을 내디디면 문이 열리게 되어 있습니다. 나는 무엇이든 할 수 있다는 자신감이 있어야 정말로 무엇이든 할 수 있습니다.

둘째, 안전한 곳은 없다는 것을 알아야 합니다. 지금 있는 곳이 안전한 곳입니까? 그렇지 않습니다. 평생 안전한 곳은 없다는 점은 역사가 보여준 진실입니다. 지금 조금 편하다고 눌러앉아 있으면 허벅지에 살이 찌고 몸이 굼뜨고 눈에서 총기가 사라지게 됩니다. 자신감 있게 떠나는 곳, 그곳이야말로 안전한 곳입니다.

셋째, 이왕에 가려거든 아예 발전성 있는 큰길로 떠나십시오. 사람은 자기 그릇만큼 클 수 있습니다. 그릇이 작으면 작은 만큼, 그릇이 크면 큰 만큼 성장할 수 있습니다.

결정했으면 바로 실행하라

결정하기 전까지는 오랫동안 알아도 보고 고민도 해야겠지만 한번 결정하고 나면 곧바로 실행하는 것이 좋습니다. 무슨 일이든지 그 일을 하지 말아야 할 이유를 굳이 찾으면 무려 100가지도 넘게 찾을 수 있다고 합니다. 그러니까 하기로 마음을 먹었으면 딴 생각이 들기 전에 뒤도 돌아보지 말고 진행하는 것이 좋습니다.

1978년 혼다는 중요한 결정을 합니다. 당시 혼다는 시빅과 어코드로 자동차 시장에서 안정된 위치를 확보한 상태였습니다. 그렇지만 그 다음에 내놓을 자동차가 없었고 개발하는 것도 쉽지 않았습니다. 새로운 돌파구가 필요한 형국이었던 것이죠. 오랫동안 고민한 끝에 혼다는 기존 자동차와 개념이 완전히 다른 자동차를 개발하기로 의견을 모읍니다. 기존 시장에 안주하지 말고 시장과 소비자들을 놀라게 할 수 있는 모험을 하자는 뜻에서 '도박을 하자Let's Gamble!' 라는 표어도 내걸었습니다.

쉬운 일이 아니었고 반대하는 사람들도 많았습니다. 그렇지만 혼다는 이 일을 밀어붙이기로 하고 새롭게 팀을 짰는데 놀랍게도 이 개발팀 직원들의 평균 나이가 27세였다고 합니다. 경영진이 개발팀에 내건 조건은 단 두 가지였습니다. 첫째, 지금까지 혼다가 만든 차와는 밑바탕부터 다른 자동차를 만들 것. 둘째, 중산층을 겨냥해 비싸지도 싸지도 않은 자동차를 만들 것. 개발팀은 이 조건에 맞춰 어떤 자동차를 만들 것인지 연구합니다. 먼저 '앞으로 자동차는 어떻게 발전할 것인가'라는 질문을 스스로 던집니다. 개발팀은 오랫동안 연구한 끝에 그 답으로 '톨 보이Tall Boy'라는 개념을 제시합니다. 앞으로 출현하게 될 자동차를, 사람이 차지하는 공간은 넓어지고 기계가 차지하는 공간은 줄어든다는 '사람 극대, 기계 극소'라는 개념으로 정리한 것입니다. 그래서 길이는 짧고 높이는 높아진, 인간에게 친숙한 공처럼 생긴 자동차를 개발했는데 그 자동차가 혼다 시티입니다. 혼다 시티는 당시 길고 차체가 낮은 세단 형태를 벗어나 새로운 자동차를 선보였으며 그 뒤로 소형 자동차 시장을 주도하게 됩니다.

윈스턴 처칠이 남긴 말 가운데 이런 말이 있습니다. "지옥을 지나가고 있다면 계속 앞으로 나아가라." 어떤 결정이든 그것에 반대하는 사람들이 있을 수 있습니다. 그렇지만 오랫동안 고민하고 연구해서 내린 결정이라면, 결정한 대로 실행하십시오. 결정을 했으면 이런저런 핑계로 계획을 미루지 말고 반드시 곧바로 실행하십시오.

다른 사람의 평가에 뜻을 꺾지 말라

통찰력을 높이기 위해서는 엉뚱한 상상도 필요하고 낯선 만남도 즐겨야 합니다. 그러다 보면 평범한 사람들이 생각하고 행동하는 것과는 달리, 새로운 관점에서 생각하고 행동하게 됩니다. 그렇지만 새로움을 추구하다 보면 기존 질서에 부딪히게 되어 있습니다. 새로운 방식으로 일을 꾸려 나가는 사람에게는 언제나 기존 것을 옹호하는 사람들이 저항하기 마련입니다.

하지만 이런 저항이 생길 때마다 좌절하고 포기했다면 우리는 지금과 같은 문명을 이룰 수 없었을 것이고 과학은 진보하지 못했을 것입니다. 아인슈타인이 다음과 같은 말을 했습니다. "위대한 정신은 평범한 사람들의 엄청난 저항에 직면하기 마련이다." 또 마크 트웨인은 이렇게 말했습니다. "새로운 아이디어를 보여준 사람은 성공하기 전까지는 괴짜로 취급된다."

참으로 핵심을 꿰뚫는 통찰입니다. 새로운 것은 언제나 과거의 저항에 부딪히기 마련입니다. 반대하는 사람들은 친구, 직장 동료, 배우자 등 누구든지 될 수 있습니다. 그렇지만 자신이 생각한 대로 추진해야 합니다. 그것이 핵심입니다. 꿈이란 것은 포기하지 않고 밀어붙여야 이루어지는 것이지 아무것도 하지 않으면 말 그대로 꿈일 뿐입니다.

케빈 프라이버그Kevin Freiberg와 재클린 프라이버그Jacquelyn Freiberg가 같이 쓴 《너츠Nuts!》란 책이 있습니다. 사우스웨스트 항공사가 성공할 수 있었던 이유를 분석한 책입니다. 글쓴이는 사우스웨스트 항공사가 성공할 수 있었던 이유 가운데 하나로 다른 사람들의 평가에 꺾이지 않는다는 점을 꼽았습니다. 이 회사에서 정한 지침을 몇 가지 소개합니다. "기발한 사람이 이치에 맞으면서 신선한 아이디어를 내놓거든 그것을 따라가라. 만약 그 아이디어가 실패했다면 왜 실패했는지 찾아 배우고, 성공했다면 뜨겁게 축하하라." "어느 때든지 새롭고 격식에 얽매이지 않고 낯선 행동 방식을 지향하라."

사우스웨스트 항공사는 직원들이 무엇이든 자유롭게 시도하고 남들과 다르게 행동하도록 격려했기 때문에 오늘날 경영학 교과서에 나오는 회사가 되었습니다. 이 항공사는 1971년 비행기 3대로 출범한 뒤 1973년부터 2007년까지 35년 동안 계속 흑자를 내고 있으며, 지난 2003년에는 미국 경제 잡지 〈포천〉이 미국에서 가장 존경받는 기업 2위(1위는 월마트)로 뽑았습니다.

과거와 격식에 매이지 않고 행동하는 것은 위험이 따르기 마련입니다. 무슨 일이든 찬물을 끼얹는 사람은 많습니다. 과거에 묶여 있는 사람들이죠. 세상은 쉴 새 없이 변하는데 미래를 보지 못하고 과거에만 집착해 그 자리에 굳어버린 사람들입니다. 그러나 사우스웨스트 항공사가 입증했듯이 변화는 실로 엄청난 대가를 약속합니다. 혹시 남들이 어떻게 평가할지 두려워 자신이 하고 싶었던 일을 포기한 적이 있습니까? 그렇다면 지금이야말로 바로 그것을 행동으로 옮길 가장 좋은 때입니다.

끝까지 노력하라

옛날 이야기 하나 하겠습니다. 그것은 한명회에 관한 일화입니다. 한명회는 단종을 폐위시키고 세조가 왕이 되는 과정에서 모든 전략을 짠 인물입니다. 그는 단종, 세조, 예종, 성종 이렇게 임금 네 분을 모시며 영의정을 두 번이나 지냈습니다. 그리고 성종의 장인이기도 했습니다.

그런데 성종은 외척이란 이유로 한명회를 벼슬에서 내쳤습니다. 예로부터 외척이 득세하면 왕실이 약해진다는 이유였습니다. 벼슬에서 내쳐진 울화 탓인지 한명회는 그의 나이 73세에 큰 병이 들어 곧 임종을 눈앞에 두게 되었습니다.

장인이 임종할지도 모른다고 하니 성종은 좌승지를 보내서 문병하게 하고, 소원을 들어오라고 했습니다. 이때 한명회는 몸을 일으켜 관복을 차려 입고 예를 갖춰서 다음과 같이 얘기했습니다.

"처음에 부지런하고 나중에 게으른 것이 사람의 상정이니, 원컨대 나중을 삼가기를 처음과 같이 하소서始勤終怠 人之常情, 原愼終如始."

참으로 감명 깊은 이야기입니다. 사람이 처음에는 부지런하지만 갈수록 태만해지니, 끝까지 처음의 자세를 잃지 말라는 뜻입니다.

통찰력의 기초는 이제 충분히 아셨을 것이라 믿습니다. 통찰을 통해 자신의 미래를 훌륭히 바꾸십시오. 하지만 통찰에 이르는 과정은 무척 어렵습니다. 이 책을 읽는 동안에도 몇 번씩 고개를 끄덕거리셨겠지만 막상 실행하기는 쉽지 않을지도 모릅니다. 게다가 처음에는 그럭저럭 따라하다가 중간에 포기하는 사람도 아주 많습니다. 다시 말씀드리지만 통찰은 그 결과가 기적처럼 놀라우며, 그런 만큼 대충해서 얻을 수 있는 일이 아닙니다. 끝까지 포기하지 않고 노력해야 원하는 수준에 이를 수 있습니다. 부디 끝까지 노력하기를 처음과 같이 하십시오.

통찰의 좌절과 대응

표면 아래 숨어 있는 진실을 찾기 위한 노력은 애쓴 만큼 빛을 보기 마련입니다. 제임스 와트는 1769년 증기기관과 관련한 특허를 땄지만 1776년에야 처음으로 상업용 제품을 내놓았습니다. 에디슨은 진공관 안에서 끊어지지 않는 필라멘트를 찾기 위해 실험을 무려 2,000번이나 반복했습니다. 이처럼 원하는 결과를 얻으려면 치러야 할 대가가 많습니다.

마지막 결과를 얻기 전까지는 어둠 속에 있는 것이나 다름없습니다. 이때에는 모든 것이 의심스럽고 어떻게 해야 좋을지 막막하기만 합니다. 많은 사람들이 중도에서 포기하고 그만두게 됩니다. 통찰로 향하는 길에 들어설 때 우리는 어떤 좌절을 경험하게 될까요? 크게 다음과 같이 네 가지 문제에 부딪히게 됩니다.

1. 시작하지 못함

무엇인가 새로운 것을 생각하고 싶고 만들고 싶지만 어디서부터 어떻게 시작해야 할지 갈피를 못 잡는 상황입니다. 이럴 때가 많습니다. 뜻은 좋은데 방향을 잡지 못하는 셈이죠. 이럴 때는 문제를 정확하게 파악하고 인식하는 것이 필요합니다.

저는 지금껏 수많은 회의에 참석해봤지만, 요점을 정확하게 짚고 올바른 방향으로 나아가는 회의는 그렇게 많이 보지 못했습니다. 여러분도 많이 겪으신 일이죠? 무턱대고 회의에 불러 모으고 그때부터 해결책을 찾으려 하기 일쑤입니다. 우리 회사 매출을 올리는 방법을 찾자라든지, 부서 팀워크를 높이자라든지, 개인 생산성을 높이자라든지 대부분 추상적인 목표만 있는 회의가 시작되는 것입니다. 이런 회의에서 사람들은 대개 말이 없습니다. 생산성을 높이자는 뜬금없는 주제에 무슨 뾰족한 수를 내놓겠습니까?

이런 회의는 밤을 새워 해도 남는 것이 거의 없습니다. 시작 자체가 잘못된 회의죠. 이럴 때는 우리가 해결해야 할 과제가 무엇인지 정확하고 분명하게 정의하는 것에서부터 시작하는 것이 좋습니다. 과제만이라도 제대로 설정하면 나머지는 훨씬 쉬워집니다.

2. 방법을 찾지 못함

시작은 했지만 마땅한 방법을 찾지 못할 때도 많이 있습니다. 이처럼 방법을 찾지 못하는 것은 대개 문제에 너무 깊이 빠져들어 있기 때문입니다. 해결해야 할 문제가 머릿속을 가득 채우고 있어서 다른 생각이 떠오를 여유가 없는 것이죠. 따라서 이럴 때는 우선 마음을 여유롭게 해야 합니다. 하룻밤 그냥 자는 것도 좋습니다. 머릿속을 꽉 채운 생각을 끊고 내버려두는 것도 좋습니다. 뜻밖에도 이렇게 한 박자 쉬어 갈 때 답이 나오기도 합니다.

이와 함께 다른 분야에서 방법을 찾아보십시오. 인문학 책이 이럴 때 좋은 대안이 됩니다. 인문학이야말로 통찰의 좋은 보조자입니다. 다큐멘터리 영화를 보는 것도 괜찮습니다. 시간을 거슬러 올라가보거나 다른 곳을 기웃거려보는 것도 아주 좋은 방법이라 할 수 있습니다.

재해석할 수 있는 방법을 찾아보는 것도 좋습니다. 다른 영역과 새로운 만남을 제안해볼 수도 있겠고 개념을 둘로 나눌 수 있는지 살펴보는 것도 추천할 만합니다.

이렇게 시간을 두고 생각이 닿는 대로 돌아다니다 보면 적합한 방법을 찾을 수 있습니다. 여유 있게 하십시오.

3. 동기 결여

문제를 해결해야 한다는 동기가 부족하면 시작하는 것 자체가 힘듭니다. 동기는 자동차로 치면 엔진과 같아서 전체를 움직이는 원동력이라 할 수 있습니다. 동기가 부족하면 아무것도 안 됩니다.

이럴 때에는 해결해야 할 문제가 시각을 다툴 만큼 급한 것인지 살펴볼 필요가 있습니다. 시급하다면 그만큼 절실한 동기가 생길 것이고 그렇지 않다면 차라리 하지 않는 게 좋습니다. 그러다 동기가 생기면 주의를 기울여 해결해야겠다는 의지를 다지십시오. 그러면 이 문제 또한 해결할 수 있을 것입니다.

4. 확신이 서지 않음

무엇인가 통찰을 하였다손 치더라도 그것이 올바르고 충분한 해결책인지 확신이 서지 않을 수도 있습니다. 이럴 때는 믿을 만한 사람에게 자문을 구하는 것이 좋습니다. 자신을 잘 아는 친구나 동료에게 물어보십시오. 특별히 전문 지식이 필요하다면 그 분야에서 경험이 많은 전문가에게 자문을 구해보는 것도 좋습니다.

그러고 나서 마지막으로 소비자 30명 정도에게 확인해보십시오. 앞에서도 말씀드렸지만 30명 정도에게 확인받은 의견이라면 대부분 믿을 수 있습니다.

이렇게 겹겹이 확인하는 절차를 거치면 실수하지 않을 것입니다.

■맺음말

이제 책을 마무리할 시간이 되었습니다. 제가 통찰의 체계를 만들고 전파하겠다고 결심한 지 벌써 5년이 지났습니다. 그럼에도 실질적으로 시작한 것은 얼마 안 돼 많은 부분이 아쉽고 미흡하지만, 시간을 두고 차근차근 개선하면 더욱 내용이 충실해지리라 생각합니다.

이 책은 통찰 입문서로서, 통찰이란 무엇이며 통찰이 어떻게 작동하며 어떻게 얻어지는지 그 메커니즘과 조건들을 살펴보았습니다. 그리고 무엇보다도 통찰이 기업 활동에 미치는 영향과 의미, 중요성에 관해 다루었습니다. 아울러 이와 관련하여 여러 사례들을 들어 살펴보았습니다. 한마디로 통찰이란 사물의 본질과 핵심을 한눈에 총체적으로 파악하는 것이라 정의할 수 있습니다. 즉, 기존 지식 체계에 근거한 논리적 추론 과정과 이전 경험을 바탕으로 사물의 본질과 핵심을 단박에 간파하는 것이라 할 수 있습니다.

통찰은 새로움 혹은 창조성을 그 속성으로 지닌 직관적 의식 행위입니다. 특히 저는, 상상력을 기초로 한 혁신적 개념으로 구성된 통찰과 이전에는 아무도 생각하거나 발견하지 못한 사태를 꿰뚫어 보는 통찰에 초점을 맞추었습니다. 이런 의미에서 '새로움' 은 통찰이 지닌 많은 의미 가운데서도 중요한 자리를 차지하고 있지 않을까 생각합니다.

통찰은 매우 다양한 사물과 사태를 대상으로 합니다. 그 대상은 개별 인간일 수도 있고 거시적 사회일 수도 있으며 자연일 수도 있고 사물일 수도 있습니다. 통찰에 대해 논의하는 학문도 철학이나 물리학처럼 매우 추상적이고 일반론적인 학문일 수도 있고, 경영학이나 의학, 공학처럼 구체적이고 직접적인 경험을 다루는 학문일 수도 있습니다. 따라서 통찰의 심리학적, 직접적 가능 조건인 '통찰력', '통찰적 사고 능력' 도 다시 여러 부문으로 나뉠 수 있을 듯합니다. 예술적 창조성의 핵심인, 우리 삶에 숨어 있는 진실에 초점을 맞추는 통찰과, 그 메시지의 표현 방식에 초점을 맞추는 통찰도 있지만 새로운 자연과학의 이론적 뼈대를 세우는 통찰적 사고력도 있습니다.

제가 이 책을 쓸 때 경영학자로서 통찰의 다양한 차원들 가운데 특별히 초점을 맞춘 부분이 있습니다. 그것은 기업 환경과 관련이 깊은 것으로, 소비자들의 광범위한 요구를 충족시킬 수 있는 새로운 제품과 서비스에 대한 창의적 통찰입니다. 물론 이와 같은 통찰은 다른 영역들이나 대상에 대한 통찰보다 훨씬 우리 삶에 밀접하며 실제로 쓸모가 많습니다. 기업은 이익을 추구하는 것을 목적으로 하지만, 소비자들이 바라는 바를 효과적으로 충족시킬 수 있는 제품이나 서비스를 제공해야만 이익을 남길 수 있다는 점을 고려한다면, 이와 같은 통찰력은 기업에 꼭 필요한 것임이 틀림없습니다.

그렇다면 어떻게 해야 그런 통찰이 가능할까요? 앞에서 말씀드렸듯이, 통찰은 '그저 우연히 생기는 것'이 아닙니다. 분명 어떤 심리적 조건들에 의존하고 있으며 그런 조건들에 좌우됩니다. 우선 그 통찰은 일반적이고 현실적 욕구와 결핍을 확인하는 것을 전제로 합니다. 이렇게 결핍을 찾아내고, 일상생활에서 사람들의 행동에 세심하고 깊은 관심과 주의를 기울여야만 통찰이 가능합니다. 이렇게 욕구와 결핍을 발견하면 어떻게 그것을 효과적으로 해결할 수 있을지 자신에게 물음을 던져야 하며 그 질문에 집중해 연구해야만 합니다. 이 과정에서는 스스로 해답에 도달하겠다는 열망과 그것이 가능하다고 믿는 강한 신념이 반드시 필요합니다. 이런 마음 자세를 갖추고, 더 나아가 가용 지식, 개념, 정보들을 재구성하고 재조직하는 인지적 과정이 적극적이며 유기적으로 이루어질 때 비로소 통찰적 사고가 가능할 수 있습니다. 바로 이런 인지적 과정들이 통찰의 '기술'에 해당하며 통찰의 '능력'을 만들어냅니다.

통찰의 단계를 다룬 1부와 통찰의 기술을 설명한 2부에 이어, 3부에서는 통찰을 기르는 습관을 소개하며 다양한 사고와 행동 방식을 정리해놓았습니다. 습관은 타고나는 것이 아니며 어디까지나 꾸준한 훈련과 실행으로 몸에 배게 하는 것임을 다시 한 번 강조하고 싶습니다. 일상생활 속에서 반복해서 꾸준히 실행해야만 비로소 자기 것이 될 수 있으며, 통찰적인 삶이 가능합니다.

다시 한 번 말씀드리지만 이제 겨우 시작하는 단계라 부족한 점이 많습니다. 읽어보시고 의견이 있으시다면, 메일을 보내주십시오. 어떤 의견이라도 최대한 고려해 개선하겠습니다.

감사합니다.

■참고문헌

Aaker, A David and Kevin Lane Keller (1990), "Consumer Evaluations of Brand Extensions," *Journal of Marketing*, 54(Jan.), 27-41.

Ahluwalia, Rohini and Zeynep Gurhan-Canli (2000), "The Effects of Extensions on the Family Brand Name: An Accessibility-Diagnosticity Perspective," *Journal of Consumer Research*, Vol.27, Dec., 371-381.

Austin, John T. and Jeffrey B. Vancouver (1996), "Goal Structures in Psychology: Structure, Process and Content," *Psychological Bulletin*, 120(3), 338-375.

Balachander, Subramanuan and Sanjoy Ghose (2003), "Reciprocal Spillover Effects: A Strategic Benefits of Brand Extensions," *Journal of Marketing*, Vol 67, Jan., 4-13.

Barsalou, Lawrence W. (1983), "Ad Hoc Categories," *Memory and Cognition*, 11(3), 211-277.

_____ (1985), "Ideals, Centural Tendency, and Frequency of Instantiation as Determinants of Graded Structure in Categories," *Journal of Experimental Psychology: Learning, Memory and Cognition*, 11(4), 629-654.

Boush, David M. and Barbara Loken (1991), "A Process-Tracing Study of Brand Extension Evaluation," *Journal of Marketing Research*, 28(Feb.), 16-28.

Broniaczyk, Susan M. and Joseph W. Alba (1994), "The Importance of the Brand in Brand Extension," *Journal of Marketing Research*, 31(May), 214-228.

Chakravarti, Dipankar, Deborah J. MacInnis, and Kent Nakamoto (1990), "Product Category Perception, Elaborative Processing and Brand Name Extension Strategies," *Advances in Consumer Research*, Vol.16, 910-916.

Chatterjee, Sayan (1986), "Types of Synergy and Economic Value: The Impact of

Acquisitions on Merging and Rival Firms," *Strategic Management Journal*, 7, 119-139.

Dacin, Peter and Daniel C. Smith (1994), "The Effect of Brand Portfolio Characteristics on Consumer Evaluations of Brand Extensions," *Journal of Marketing Research*, 31(May), 229-242.

Dawar, Niraj (1996), "Extensions of Broad Brands: the Role of Retrieval in Evaluations of Fit," *Journal of Consumer Psychology*, 5(2), 189-207.

Desai, Kalpesh Kaushik and Kevin Lane Keller (2002), "The Effects of Ingredient Branding Strategies on Host Brand Extendibility," *Journal of Marketing*, 66(Jan.), 73-93.

Dopfer, Kurt (1991), "Toward a Theory of Economic Institutions: Synergy and Path Dependency," *Journal of Economy Issues*, 25(2), 535-550.

Eagly, Alice H. and Shelly Chaiken (1993), *The Psychology of Attitude*, Orlando, FL: Harcourt Brace Jovanovich.

Eun, Cheol S, Richard Kolodny and Carl Scheraga (1996), "Cross-border Acquisitions and Shareholder Wealth: Tests of the Synergy and Internalization Hypotheses," *Journal of Banking and Finance*, 20, 1559-1582.

Fournier, Susan (1994), "A Consumer-Brand Relationship Framework for Strategic Brand Management, unpublished doctoral dissertation, University of Florida.

_____ (1998), "Consumers and Their Brands: Developing Relationship Theory in Consumer Research," *Journal of Consumer Research*, 34(Mar.), 343-373.

Gurhan-Canli, Zeynep and Durairaj Maheswaran (1998), "The Effects of Extensions on Brand Name Dilution and Enhancement," *Journal of Marketing Research*, Vol.35, Nov., 464-473.

Herr, Paul M., Peter H. Farquhar, and Russell H. Fazio (1996), "Impact of Dominance and Relatedness on Brand Extensions," *Journal of Consumer Psychology*, 5(2), 135-159.

Holyoak, Keith and Paul Thagard (1997), "The Analogical Mind," *American Psychologist*, 52(1), 35-44.

Huffman, Cynthitia and Michael J, Houston (1993), "Goal-Oriented Experiences and the Development of Knowledge," *Journal of Consumer Research*, 20(2), 190-207.

Joan Meyers-Levy and Alice M. Tybout (1989), "Schema Congruity as a Basis for Product Evaluation," *Journal of Consumer Research*, 16(Jun.), 39-54.

John, Deborah Roedder, Barbara Loken, and Christopher Joiner (1998), "The Negative Impact of Extensions: Can Flagship Products Be Dilutes?," *Journal of Marketing*,

62(Jan.), 19-32.

Keller, Kevin L. and David A. Aaker (1992), "The Effects of Sequential Introduction of Brand Extensions," *Journal of Marketing Research*, 29(Feb.), 35-50.

Lane, Vicki R. (2000), "The Impact of Ad Repetition and Ad Content on Consumer Perceptions of Incongruent Extensions," *Journal of Marketing*, 64(Apr.), 80-91.

Maheswaren, Durairaj, Diane M. Mackie, and Shelly Chaiken (1992), "Brand Name as a Heuristic Cue: The Effects of Task Importance and Expectancy Confirmation on Consumer Judgments," *Journal of Consumer Psychology*, 1(4), 317-336.

Martin, Ingrid M. and David W. Stewart (2001), "The Differential Impact of Goal Congruency on Attitudes, Intentions, and the Transfer of Brand Equity," *Journal of Marketing Research*, 38(Nov.), 471-484.

Milberg, Sandra J., C. Whan Park, and Michael S McCarthy (1997), "Managing Negative Feedback Effects Associated with Brand Extensions, The Impact of Alternative Branding Strategies," *Journal of Consumer Psychology*, 6(2), 119-140.

Mita, Sujan and James R. Bettman (1989), "The effect of Brand Positioning Strategies on Consumers' Brand and Category Perceptions: Some Insights from Schema Research," *Journal of Marketing Research*, 26(Nov.), 454-467

Moreau, C. Page, Arthur B. Markman, Donald R. Lehmann (2001), "'What Is It' Categorization Flexibility and Consumers' Responses to Really New Products," *Journal of Consumer Research*, 27(Mar.), 489-498.

Morrin, Maureen (1999), "The Impact of Brand Extensions on Parent Brand Memory Structures and Retrieval Processes," *Journal of Marketing Research*, 36(Nov.), 571-575.

Nedungadi, P. (1990), "Recall and Consideration Sets: Influencing Choice without Altering Brand Evaluations," *Journal of Consumer Research*, 17, 263-276.

Park, C. Whan, Bernard J. Jaworski, and Deborah J. MacInnis (1986), "Strategic Brand Concept Management," *Journal of Marketing*, 50(Oct.), 135-145.

Park, C. Whan, Sung Youl Jun and Allan D. Shocker (1996), "Composite Branding Alliances: An Investigation of Extension and Feedback Effects," *Journal of Marketing*, 33(Nov.), 453-466.

Park, C. Whan, Sandra Milberg, and Robert Lawson (1991), "Evaluation of Brand Extensions: The Role of Product Feature Similarity and Brand Concept Consistency," *Journal of Consumer Research*, 18(Sep.), 185-193.

Park, Jong-Won and Kyeong-Heui Kim (2002), "Acceptance of Brand Extensions:

Interactive Influence of Product Category Similarity, Typicality of Claimed Benefits, and Brand Relationship Quality," *Advances in Consumer Research*, Vol.29, 190-198.

Ratneshwar, S. and Allan D. Shocker (1991), "Substitution in Use and Their Role of Usage Context in Product Category Structure," *Journal of Marketing Research*, 28(Aug.), 281-295.

Reddy, Srinivas K., Susan L. Holak, and Subodh Bhat (1994), "To Extend or Not to Extend: Success Determinants of Line Extentions," *Journal of Marketing Research*, 31(May), 242-262.

Robert S. Wyer, Jr. and James E. Collins II (1992), "A Theory of Humor Elicitation," *Psychological Review*, 99(4), 663-688

Romeo, Jean B (1991), "The Effect of Negative Information on the Evaluations of Brand Extensions and the Family Brand," *Advances in Consumer Research*, Vol.18. 399-406.

Sandra J. Milberg, C. Whan Park and Michael S. McCarthy (1997), "Maintaining Negative Feedback Effects Asociated With Brand Extensions: The Impact of Alternative Brand Strategies," *Journal of Consumer Psychology*, 6(2),119-140.

Sheinin, D. A. and B. H. Schmitt (1994), "Extending Brands with New Product Concepts: The Role of Category Attribute Congruity, Brand Affect, and Brand Breath," *Journal of Business Research*, 31, 1-10.

Shocker, Allan D., David W. Stewart, and Anthony J, Zahorik (1990), "Determining the Competitive Structure of Product Market: Practices, Issues, and Suggestions," *Journal of Marketing Issues*, 2, 127-159.

Simonin, Benard L. and Julie A. Ruth (1998), "Is a Company Known by the Company It Keeps? Assessing the Spillover Effects of Brand Alliances on Consumer Brand Attitudes," *Journal of Marketing Research*, 34(Feb.), 30-42.

Smith, Daniel and C. Whan Park (1992), "The Effects of Brand Extensions on Market Share and Advertising Efficiency," *Journal of Marketing Research*, 29(Aug.), 296-313.

Tauber, Edward M. (1988), "Brand Leverage: Strategy for Growth in a Cost Controlled World," *Journal of Advertising Research*, 28(Aug./Sep.), 26-30.

Tversky, Amos (1977), "Features of Similarity," *Psychological Review*, 84, 327-352.